Marianne Brentzel
Iris Wolf

Von der Platte ins Gast-Haus

Marianne Brentzel
Iris Wolf

Von der Platte ins Gast-Haus

Shaker Media

Bibliografische Information der Deutschen Nationalbibliothek
Die Deutsche Nationalbibliothek verzeichnet diese Publikation in der Deutschen Nationalbibliografie; detaillierte bibliografische Daten sind im Internet über http://dnb.d-nb.de abrufbar.

Covergestaltung und Layout: Iris Wolf
www.iriswolf-fotografie.de

Printed in Germany.

ISBN 978-3-86858-419-6

Shaker Media GmbH • Postfach 101818 • 52018 Aachen
Telefon: 02407 / 95964 - 0 • Telefax: 02407 / 95964 - 9
Internet: www.shaker-media.de • E-Mail: info@shaker-media.de

Vorwort

Wir zählen doch sonst nicht, sagte eine, die mir Rede und Antwort stand, als ich sie bat, aus ihrem Leben zu erzählen.

Ungefähr fünfzehn aktuelle Geschichten vom Rand unserer Gesellschaft sind hier zusammengetragen, von Menschen, deren Lebensweg sich irgendwann veränderte, unplanmäßig und unbarmherzig.

Sie alle sind Gäste der ökumenischen Obdachloseninitiative ›Gast-Haus statt Bank‹, die es sich zur Aufgabe gemacht hat, jedem, wie er ist, in einer menschenfreundlichen Atmosphäre Gastfreundschaft, Rat und Hilfe anzubieten. „Oberstes Ziel", so heißt es in den Grundlagen der Initiative, „ist es, unseren Gästen, die oft unter sehr schwierigen Bedingungen leben müssen, in einer Weise zu begegnen, die ihrer Würde entspricht und sie achtet. Gast-Haus statt Bank aus Dortmund versucht Armut und Obdachlosigkeit durch kostenlose Speisen, Pflege, Hilfe, Heilung, Beratung, Gastfreundschaft, Betreuung und verschiedene ehrenamtliche Tätigkeiten zu lindern."

Sechs Mal die Woche genießen die Gäste das kostenlose Frühstück im Haus, können duschen, frische Wäsche bekommen, sich für Fußpflege und den kostenlosen Frisör anmelden. Seelsorgergespräche sind genauso wie anwaltlicher Rat möglich. Ein Projekt, das den ganzen Menschen in seiner vielfältigen Not im Blick hat. Interessante Vorträge und literarische Lesungen sowie Sommerfeste ergänzen das Programm.

Teil des Projekts ist auch eine Arztpraxis. Dort werden drei Mal die Woche weit mehr als 40 Menschen kostenlos behandelt, bekommen ärztlichen Rat, Untersuchung, Fußbäder, Verbände, Medikamente und Impfungen. Finanziert wird die Praxis aus städtischen Mitteln, Zuschüssen der Kassenärztlichen Vereinigung und zahllosen Spenden. Wie jeder Mitarbeiter und jede Mitarbeiterin im Gast-Haus arbeiten auch in der Arztpraxis alle ehrenamtlich.

Aus intensiven Gesprächen mit den Gästen sind Portraits der Personen entstanden. Der Kontakt zu ihnen entwickelte sich in meiner Arbeit in der Arztpraxis. Jeder hat seine persönliche Sicht auf sein Leben und seinen Alltag formuliert. Meine Aufgabe war es nur, diese ganz subjektive Sicht darzustellen und jedem einzelnen eine Stimme zu geben. Meist ging es um den Punkt in ihrem Leben, an dem sich ihre Lebensplanung radikal änderte, sozusagen der Schalter umgelegt wurde und sie in die Lage kamen, an den Rand der Gesellschaft gedrängt zu sein und als Obdachloser zu gelten. Nicht alle sind real obdachlos und schlafen auf der Straße, machen Platte, wie es so heißt, aber viele sind im Inneren obdachlos geworden, ihr Leben ist aus der Spur geraten. Das ist der gemeinsame Nenner. Sonst sind sie alle so verschieden wie Menschen eben sind. Es sind Männer und Frauen, alte und junge. Sie haben Lieben und Vorlieben, Wut und Trauer, Hoffnungen und Wünsche.

Marianne Brentzel, Dortmund, 22.08.2010

Jürgen

Fußgängerzone Hombruch. Einer humpelt durch die Straße, hat noch etwas zu erledigen, wäre viel lieber zu Hause bei seinen Kaninchen, auf seinem Balkon, im vertrauten Liegestuhl. Er hat offene Beine, Schmerzen, müht sich durch die Tage. Ein Mann mit einer deutlichen Alkohohlfahne spricht ihn an, besser: lallt etwas, was von Geld und Arzt handelt. Jürgen hat Mitleid mit ihm, auch wenn Alkohol ihm widerwärtig ist. Er kann sich das Trinken mit der Einnahme seiner zahllosen, aber notwendigen Medikamente auf keinen Fall leisten.
Was ist Kollege? fragt Jürgen und beugt sich zu der Elendsgestalt.
Eh du, es gibt da nen tollen Arzt, kennste den? Klaus, Doc Klaus, der hilft, hilft allen.
Jürgen fragt nach, weiß nicht recht warum, aber er will jetzt wissen, was mit diesem Wunderdoktor ist.
Wie heißt der?
Na, Klaus eben, Doc Klaus, im Gast-Haus, Rheinische Straße ist das, findste leicht, stehen morgens vor 8 alle

fürs Frühstück und für den Doktor an, der hilft jedem für umsonst.

Jürgen hat es registriert, denkt drüber nach. Vielleicht sollte er es mal versuchen, Hilfe braucht er. Seit langem schmiert und schmiert er die Salbe, aber die Beine werden nicht besser, sind an einigen Stellen schon blutig aufgeschürft. Er hat nichts zu verlieren, wird das Gast-Haus schon finden. Zwei Tage später fährt er hin.

Sein Leben ist in den letzten Jahren ganz und gar nicht so verlaufen, wie er es sich einmal gewünscht hatte. 1962 in Dortmund geboren, wuchs er, das Einzelkind, verwöhnt und gut behütet auf. In der Hauptschule war er immer der Beste, kam zur Realschule, schließlich machte er am Aufbaugymnasium sein Abitur. Bei der Bundeswehr stieg er bald zum Offiziersanwärter auf, wollte sich für länger verpflichten, war luftwaffentauglich. Doch dann zerstörte ein Hirnschlag von einem Tag auf den anderen seine Zukunftspläne.

Er musste, aus dem Koma erwacht, die einfachsten Lebensäußerungen neu erlernen, fühlte sich als Krüppel, als nicht mehr lebenstauglich. Es war eine schwere Zeit und die bisherige Lebenspartnerin, die große Liebe seines Lebens, zog sich zurück, war hoffnungslos überfordert mit dem Mann, der so ganz anders war als der frühere, strahlende Partner, mit dem sie reiste, in Ausstellungen und ins Theater ging, täglich nach der Arbeit etwas losmachte. Sie hatten den Haushalt geteilt, die Freizeit zusammen verbracht, reisten viel. Das Leben war rummelig. Er machte das mit, was Susanne plante. Sie arbeitete in Düsseldorf bei japanischen Geschäftsleuten und er war wie ein Prinzgemahl in diese enge Verzahnung von Arbeit und Freizeit hineingenommen. Das gefiel ihm.

Vorbei. Zwar gelang ihm noch die Ausbildung zum Versicherungskaufmann, doch die Krankheit hatte ihn fest im Griff. Er wurde wieder krank, bewältigte die Arbeit nicht mehr.

Oft wusste er nicht, was er überhaupt noch konnte und was nicht.

Er war verzweifelt und hatte selbst keine Kraft mehr für die Beziehung. So trennte Susanne sich von ihm. Auch sie wusste nicht mehr weiter und das hat er einsehen müssen. Es ging, rein gefühlsmäßig, einfach nicht mehr. Er war wie ein Neugeborenes, musste alles neu lernen. Das konnte eine schöne, junge Frau nicht lange ertragen.

Das Foto vor dem Fernseher in seiner kleinen Wohnung im Dortmunder Süden zeigt einen stattlichen jungen Mann in Uniform, der hoffnungsvoll in die Zukunft blickt. Das Bild gehört einem anderen Leben an. Seine jetzigen Hobbys lassen ahnen, dass Jürgen nicht gewillt ist aufzugeben. Auch wenn die Behinderung ihn manches Mal in tiefe Verzweiflung stürzt. Täglich telefoniert er mit seiner Mutter, die ein wichtiger Anker in seinem Leben ist. Acht Stunden die Woche verbringt er am Telefon, redet mit ihr, die geistig noch fit ist. Er hat manchmal den Eindruck, sie wird immer jünger und er altert viel zu schnell. Beide Eltern, weit über achtzig, geben ihrem einzigen Sohn alle Liebe und Fürsorge, deren sie fähig sind.

Jürgen musste schmerzhaft lernen, mit seiner Verlangsamung und seinen Behinderungen zu leben. Die eine Hand ist verkrüppelt, der Fuß auch, er hinkt, hat Beschwerden beim Gehen. Trotzdem hat er viel vor: Bücher schreiben, in einer Band singen, Medizin studieren. In Fernkursen und entsprechend seinem Tempo eignet er sich medizinisches Wissen an.

Doch der Alltag scheint ihn manchmal aufzufressen: Therapien, Haushalt, Band, Medizin, Bücher schreiben, alles soll klappen und es kann auch zu viel werden. Hinzu kommt der Kampf mit den Behörden, der immer schwieriger wird. Für seinen Fuß braucht er eine Schiene, manchmal eine neue, jedes Mal ist es ein großer Akt, sie zu bekommen. Oder die Dinge des Haushalts für Einhänder. Jetzt wird jedes Mal gefeilscht, ob ich das kriege. Ich brauche es schließlich, nicht, weil es schön ist, sondern weil ich mich sonst nicht allein versorgen kann. 1981 war es leichter, heute ist alles Kampf. Zum Glück habe ich das Gast-Haus und Doc Klaus im Rücken, um meine Sache durchzusetzen.

Lebensmittel bekommt er von der Dortmunder Tafel. Die nächste ist in Hörde und der Vater hilft tragen. Da eine Hand verkrüppelt ist, kann er die Sachen nicht allein schleppen. Auch selber kochen ist mühsam.

Manchmal versuche ich es; ich versuche immer, mir selbst zu helfen und mich nicht hängen zu lassen, aber ...

Nach 16 Jahren, die er aktiv gearbeitet hat, bekommt er eine kleine Erwerbsunfähigkeits-Rente. Das Leben ist zu einer dauernden Auseinandersetzung mit der Bürokratie, der Krankheit und dem mühseligen Alltag geworden.

Die Band, in der er mitmacht, hat sich auf sehr besondere Weise gefunden. Sie alle hatten eine chronische Magen-Darmkrankheit. Als er die Clique traf, war ihr Thema die Krankheit, bei der man allmählich jeden

Lebensmut verliert. Bei ihm ist es irgendwann gut geworden, er hat es überwunden, andere leiden weiterhin. Sie machen trotzdem gemeinsam Musik, sind eine Popgruppe. Ihr Name: Gummiholzblechband. Jeden Montag wird in der Musikschule geprobt, Pop-Musik, haben viel Spaß dabei. Einige haben eine zusätzliche Behinderung, jeder respektiert den anderen. Zuletzt traten sie wieder im Westfalenpark auf, bekamen viel Beifall. Das Konzept ist Rudi Carrells Show ›Am laufenden Band‹ nachempfunden. Der war auch ein Perfektionist. Das ist erstrebenswert, sagt Jürgen. Zwei gute Freunde hat er, die sind wichtig für ihn. Die eine kennt er noch aus dem Kindergarten. Es war seine erste Liebe. Die beiden kennen ihn und auf sie kann er sich verlassen. Auf die Frage, ob er jemanden außer den Eltern hätte, der für ihn einkauft, ihm hilft, wenn er nicht mehr kann, sagt er gelassen:

Wenn es nicht mehr geht, muss ich eben ins Krankenhaus oder in ein Heim, aber ich denke, ich kann alles bis ins hohe Alter selbstständig schaffen.

An seinem Hasen hat er gemerkt, wie Lebewesen spüren, dass es zu Ende geht. Der wollte nicht mehr, legte sich in eine Ecke und starb. Jetzt hat er einen neuen, jungen Hasen, der putzmunter herumspringt.
Warum und wie Medizin studieren? Medizinische Begriffe kennt er noch aus der Zeit bei der Versicherung. Jetzt lernt Jürgen übers Internet, sozusagen die do-it- yourself-Methode. Prüfungen klar, dafür muss er viel lernen. Nachts sieht er oft auf dem Medizinkanal der Uni Bochum die Übertragungen pathologischer Arbeit. Häufig denkt er über Diagnosen nach und es

macht ihm Angst, dass er sich später bei Patienten mal irren könnte. Aber das wird, so seine Überzeugung, jedem Arzt irgendwann so gehen. Er lernt auch über eine DVD Latein, will ein guter Doktor werden. Die DVD ist sein Privatlehrer.

Auf die Frage: Was bedeutet dir das Gast-Haus? sagt er:

Gastfreundschaft. Dort ist jeder geachtet, jeder willkommen. Die Würde der Menschen wird hochgehalten. Das mag ich.

Und was sind seine Wünsche für die Zukunft?

Jürgen denkt länger nach, sagt dann:

Mensch und Tier sollen in Einklang leben, in Ruhe und nicht in dieser Oberflächlichkeit, die sich breit macht. Das muss sich ändern. Wichtig ist, mehr aufeinander zu achten, einander wahrzunehmen, den Tod im Leben ernst zu nehmen. Ich freue mich an den kleinen Dingen. Morgens kommen die Meisen regelmäßig auf meinen Balkon, wollen etwas zu picken haben. Das macht mir Freude, daran habe ich Spaß, dabei kann ich entspannen. Ich bin sonst ein Mensch, der immer unter Strom steht, ein richtiger Stressmensch. Das will ich ändern. Aber Herausforderungen brauche ich trotzdem. Gefordert werden, Neues anpacken. Das ist mein Leben.

Die Semboks

Frühstück im Gasthaus. Ein Tag im Februar wie viele andere. Georg sitzt an einem Tisch vor Kopf, neben ihm sein Bruder Eugen, andere Bekannte drum herum. Georg führt das große Wort. Das tut er gern, lacht laut und deftig, schimpft auch mal, grummelt. Der große Hut wippt im Rhythmus der Sätze mit. Heute ist mal wieder Hochbetrieb im Gast-Haus. Monatsende. Die richtige Zeit für ein kostenloses Frühstück.
In der Schlange am Eingang steht eine Frau. Schüchtern, zum ersten Mal in der Rheinischen Straße. Sie hat gehört, dort gäbe es Frühstück, freundliche Menschen. Sie will es versuchen. Gerade ist die Mutter gestorben. Ihr brach eine Welt zusammen. Sie war einsam, wollte nicht mehr leben. Jetzt versucht sie es doch noch mal, will unter Menschen sein.
Sie blickt sich um, ihre Augen bleiben auf dem Mann im Rollstuhl haften, auch er guckt. Ihre Blicke begegnen sich. Sie ist eine attraktive Frau, ungefähr in seinem Alter. Sie kommt herein. Er zeigt mit großen Gesten neben sich, ruft: Komm zu mir, hol dir einen Stuhl, ne-

ben mir ist Platz. Macht mal Platz für die schöne Frau, grantelt er die Nachbarn an. Die gehorchen. Georg ist eine Respektsperson, trotz amputiertem Bein. Ulrike freut sich über das freundliche Angebot. Sie war unsicher, ob sie überhaupt kommen sollte, ob dieses Gast-Haus der richtige Ort für sie ist. Georg spielt den Chef, winkt der Bedienung, bittet um ein Gedeck und Kaffee für die Neue. Sie errötet, bedankt sich.

Ist schon gut, sagt er, erklärt ihr, wie es im Haus so läuft. Er kennt sich aus. Ein toller Arzt, zu dem sie Vertrauen haben kann, auch sonst sind alle in Ordnung, alles Ehrenamtliche, die tun, was sie können. Er stellt seinen Bruder vor. Das ist Eugen, er ist älter, und ein bisschen schüchtern.

Ulrike sagt: Und du nicht?! Alle lachen. Nein, schüchtern ist er nicht, poltert gern herum, meint es nicht böse. Er hat schon bei einem Film für den WDR mitgemacht. Die großen Auftritte liegen ihm. Er hat viel zu wenige davon.

Die Frau muss ich wieder sehen, beschließt er bei sich, die ist richtig für mich,

und sagt ihr, dass er morgen wiederkommt, sie wird hoffentlich auch kommen. Seit diesem Tag sehen sie sich täglich. Er hat noch viele Arzttermine, die Prothese muss angepasst werden. Nur mit einem Bein leben ist kein Zuckerschlecken.

Vor Monaten gingen die Schmerzen im Bein los, es schwoll an, eine bedrohliche Mischung aus Zuckerkrankheit, zu viel Alkohol und starkem Zigarettenkonsum hatten dazu geführt, dass Georgs Unterschenkel amputiert werden musste. Die Wunde brauchte lange, bis sie verheilt war. Einmal erhob er sich aus seinem

Rollstuhl, wollte ins Auto einsteigen, vergaß, dass er nur noch ein Bein hatte, stürzte, die Naht platzte auf, noch einmal dauerte es Wochen, bis die Prothese endlich angepasst werden konnte. Ein Wunder, dass schließlich die Naht trocken und verheilt war. Vorläufig. Später riss sie wieder auf und musste erneut im Krankenhaus behandelt werden.

Georg litt, verzichtete anfangs auf Alkohol, rauchte weniger und wusste doch, dass er ganz aufhören müsste, um nicht das andere Bein auch noch zu gefährden. Manchmal kamen Sätze, die nach Einsicht aussahen:

Ich würde alles geben, wenn ich mein Bein wieder hätte.

Das hielt nicht. Georg lebt weiter gefährlich. Seit der großen Liebe drängt er den Alkohol zurück, sagt: Früher habe ich morgens, mittags, abends getrunken, jetzt nur noch abends, lacht, als sei es ihm nicht ganz ernst mit dem kleinen Verzicht.

Geboren wurde Georg, ebenso wie sein Bruder Eugen, in Beuten, Oberschlesien, als es schon polnisch war. Er 1955, Eugen 1951. Zu Hause sprach man Deutsch, im Kindergarten verstand er anfangs gar nichts, weil alle polnisch redeten. Aber er lernte schnell, ging in die Schule. Russisch klappte nicht so gut. Er blieb sitzen wegen einer Sechs in Russisch, aber sonst, sagt er, war die Schule okay. Beide Brüder schwärmen von ihrer Mutter. Sie war das Zentrum ihres Lebens. Als sie starb, ging nichts mehr. Keiner, der für sie kochte, die deftigen oberschlesischen Gerichte, die sie so sehr mochten, keiner, der sie versöhnte, wenn sie Streit hatten, keiner, der sie wirklich lieb hatte. Es war, als hätte das Leben seinen Sinn verloren.

Seit 1957 leben sie schon in Dortmund. Vorher war die Großmutter von Vaters Seite hergezogen. Sie gingen noch ein, zwei Jahre zur Schule. Eine Lehre machte keiner. Sie arbeiteten mal hier, mal dort, nichts Wichtiges, wie beide sagen, nichts, was zu erzählen sich lohnt. Eugen war mehr als zwanzig Jahre bei Opel in der Endmontage, brachte gutes Geld nach Hause. Irgendwann wurde dann der Alkohol stärker als die Arbeitsdisziplin und er musste aufhören, ohne eine Abfindung zu kassieren, kam in den Entzug. Das alles, sagt er, ist lange her. Fragen nach früher sind bei den Brüdern nicht so beliebt.

Du stellst Fragen, ich weiß kaum, was ich gestern gegessen habe und da willst du wissen, was ich vor zwanzig Jahren gemacht habe.

Ab 1982 ist er arbeitslos. Vorher hatte er Hilfsarbeit bei Hoesch. Bei einem Unfall ging das Knie kaputt, wurde er fristlos gekündigt.

Gefragt nach seinen Hoffnungen und Wünschen im Leben, versucht er es mit Ironie: Ich wollte Papst werden, Astronaut, Tennisspieler, Fußballer.

Und was hast du dafür getan?

Nichts – dazu bin ich zu faul, gibt er freimütig zu, sagt, dass er jetzt ganz zufrieden und die Frau sehr in Ordnung ist. Er wünscht sich, dass die Gesundheit so bleibt, wie zur Zeit und sie weiter gut zusammen leben.

Bruder Eugen ist ein eher stiller Mann, weniger kräftig als Georg, mehr in sich gekehrt. Mit seiner Gesundheit steht es nicht zum Besten. Er neigt dazu, die Tabletten zu vergessen, raucht und trinkt exzessiv. Manchmal haben die Brüder auch heftigen Streit. Ein Mal ging es so weit, dass sie im Gast-Haus getrennt werden muss-ten und beide ernste Verletzungen davon trugen. Aber seitdem ist Ruhe und wer sie beobachtet, weiß, dass sie ohne einander nicht leben können. Sie haben gemein-sam viel hinter sich gelassen. Das Elternhaus musste wegen hoher Schulden zwangsversteigert werden, sie versackten im Alkohol. Auch Eugen ist schon lange ar-beitslos. Zwar hat er im Dortmunder Osten eine eige-ne Wohnung, aber meist hockt er doch am Leierweg bei dem frisch verheirateten Paar. Ihr Wunsch für die Zukunft ist, dass Georg mit Ulrike eine eigene Woh-nung hat und Eugen im gleichen Haus wohnen kann.

Wohnen, sagt Georg, das haben wir nicht richtig gelernt,

und zeigt auf das Kraut-und-Rüben-Gewirr in ihrem einzigen Schlaf-Ess-und Wohnraum, in dessen Zent-rum ein großer Fernseher steht, davor ein Tisch mit riesigem Aschenbecher und einige Sitzgelegenheiten drum herum.

Ulrike und Georg waren sich im Februar 2009 schnell einig, dass sie zusammen bleiben wollten, verlobten sich richtig mit Ring und so. Manchen Krach haben

sie verkraftet. Um heiraten zu können, brauchten sie Geburtsurkunden, auch eine von Georg. Die musste erst mühsam mit Hilfe eines Betreuers aus Polen beschafft werden. Ein zeitaufwändiges Unterfangen, bei dem Ulrike manches Mal verzweifelte und fürchtete, dass es wohl nie klappen würde. Doch dann kam das ersehnte Dokument und sie verabredeten die Termine für die Trauung.

Am 14. Mai 2009 konnte jeder, der ins Dortmunder Rathaus in Richtung Trausaal ging, ein wunderbar zu Recht gemachtes. älteres Paar mit glänzenden Augen erleben. Georg mit großem Hut und elegantem Stock, im Anzug, am Revers eine Blume, und Ulrike, wunderschön gestylt. Ein prächtiges Paar und um sie herum alle, die sich mit dem Gast-Haus verbunden fühlen. Die Ärzte, der Pfarrer, der Vorsitzende und seine Frau, das Team der Praxis und viele mehr. Eine stattliche Traugemeinde zog in den Saal, Blumensträuße in den Händen, der Sekt war kaltgestellt.

Die Standesbeamtin waltete ihres Amtes, fand die richtigen Worte und Georg, sonst nie um ein Wort verlegen, saß still und aufmerksam neben Ulrike, sagte -wie sie - kräftig: Ja und alle gratulierten. Gegen Mittag dann die kirchliche Trauung in der Michaeliskirche, zelebriert von dem beliebten Pfarrer Alfons Wiegel und hinterher im Gast-Haus, von einer guten Bekannten wunderbar arrangiert, ein Festbüfett. Zahllose Fotos zeugen von dem gelungenen Hochzeitstag. Ein Album zur Erinnerung ließ der Vorsitzende herumgehen, in das jeder die guten Wünsche für das Paar einschreiben konnte. Auch die Dortmunder Presse berichtete von dem Glück der späten Liebe im Gast-Haus.

Ulrike, die frisch Verheiratete, sagt, sie sei froh, dass

es so gekommen ist. Vorher war sie schon mehrere Male verheiratet, eher unglücklich. Die Männer sind tot, waren arge Säufer und die Erinnerung an sie ist negativ. Nur der Tod der Mutter ist immer noch schmerzhaft. Mit ihr hat sie ihre beste Freundin verloren. Sie wuchs in Dortmund auf, war Hilfsgärtnerin, hat immer gern mit Pflanzen zu tun gehabt, aber jetzt geht es ihr gesundheitlich nicht gut und arbeiten kann sie schon länger nicht mehr.

Gefragt, was ihr das Gast-Haus bedeute, sagt sie, es wäre wunderbar, dass sie Georg dort getroffen hätte, aber auch sonst sei es wichtig in ihrem Leben, weil alle dort freundlich und hilfsbereit sind.

Die Brüder sagen: Das Gast-Haus, das bedeutet uns viel. Eugen setzt zu einer längeren Erklärung an, erzählt von seiner Mutter und vergleicht das Gast-Haus schließlich mit ihr.

Was damals meine Mutter für mich war, das ist heute das Gast-Haus,

sagt Eugen. Georg findet das Gast-Haus auch Klasse, meint aber, früher wäre es besser gewesen. Seit die Grenzen zum Osten offen sind, so seine Version, kommen ›die Polacken‹ und deshalb ist es oft ungemütlich. Das findet Eugen auch, schimpft heftig auf verschiedene polnische Säufer, die regelmäßig Ärger machen. Auch hätten die Polacken die Tarife verdorben. Früher hätten sie mal 5€ bekommen, heute höchstens drei, so wäre das eben, wenn so viele was haben wollten. Und einige würden klauen, hätten neulich Ulrike den Blumenstrauß weggenommen, es wäre ziemlich arg mit Ihre Wünsche für die Zukunft sind eher bescheiden: Die Gesundheit so halten wie sie jetzt ist. Mit Hilfe der Arge eine neue Wohnung finden. Was sie selbst dazu tun werden, haben sie nicht gesagt. Wahrscheinlich bleibt es beim Wünschen.

Die Presse schrieb damals: Man stelle sich einmal vor: Da sehen sich zwei Menschen, blicken sich tief in die Augen und wissen von diesem Moment an, dass sie zusammen gehören. Mehr noch: Mit einer kirchlichen Heirat haben sie nun diese große Liebe auch formal besiegelt. Tja, manchmal kann wirklich alles so einfach sein und es zeigt, dass nicht Hollywood, sondern das Leben immer noch die schönsten (Liebes-) Geschichten schreibt. Unzertrennlich seien sie von da an gewesen. Überall, wo der eine auftauchte, war der andere nicht weit. Veränderungen, die auch den Mitarbeitern des „Gast-Hauses" nicht entgangen sind: „Die beiden blühten regelrecht auf. Ihr Verhalten zeigte deutlich: Wir gehören zusammen, erinnert sich Irmina, die das Paar schon seit vielen Jahren kennt. (Westfälische Rundschau 2009)

Michael

Rotkohl muss, und Klöße natürlich und die Gans,
immer gut begießen, dann wird was draus.

Michael erzählt mit ansteckender Begeisterung, wie er die Festtagsgans für die Familie zubereitet, sie mit Äpfeln und allerlei anderem füllt, wie lecker das alles wird, dass man frischen Rotkohl verwenden soll und was für einen Spaß es ihm macht, mal wieder richtig für viele Menschen zu kochen.

Früher, als er noch arbeiten konnte, war er Koch. Das hat er in Dortmund in einem Hotel und später in den Restaurants der Westfalenhallen gelernt. Als Jungkoch reiste er herum, arbeitete mal hier, mal dort, kehrte zurück, ließ sich in Dortmund nieder und arbeitete 18 Jahre lang in der Kantine der Städtischen Unfallklinik. Geboren wurde er 1958 in Duisburg. Sein Vater war Modellschreiner, bis es bei Mannesmann keine Arbeit mehr für ihn gab. Er wurde Küster einer katholischen Kirche und blieb es bis zur Rente. Michael ist das zweite von fünf Kindern, ein Mädchen, vier Jungen. Die Mutter hatte Schuhverkäuferin gelernt, mit den fünf Kindern war sie dann vollauf beschäftigt. Als Michael fünf war, zogen sie nach Dortmund-Eving. Dort kam er in die Schule, machte den Hauptschulabschluss mit der neunten Klasse. Ein anderer Bruder hat auch Koch gelernt, einer wurde Konditor, einer Beamter, die Schwester arbeitete im Lebensmittelhandel. Wir sind, sagt Michael, eine ganz normale Familie, gut katholisch und aus allen ist was geworden. Nur bei mir wurde es irgendwann kritisch.

1981 heiratete er Claudia, seine schöne Frau. Die drei Kinder wurden 1984, 1986 und 1992 geboren, zwei Mädel und ein Junge. Als Koch hat er ordentlich verdient, oft Überstunden gekloppt, die Frau hat sich um alles andere gekümmert, um die Kinder, das Geld, die Versicherungen, eben alles, was in einer Familie zu regeln ist. Hatte er nicht alles, was er brauchte? Schwer zu sagen. Er kann es auch nicht genau erklären, aber fest steht, dass er irgendwann begann zu trinken, immer häufiger, immer regelmäßiger, so dass er bald schon morgens ohne Schnaps gar nicht mehr in den Tag kommen konnte. So ging es immer weiter und weiter und irgendwann musste er sich sagen: Ich bin 35 Jahre und Alkoholiker. Er ist zum Hausarzt gegangen und hat ihm das freimütig bekannt. Wenn er morgens aufwachte, spürte er schon, ohne Alkohol geht nichts mehr. Er hat sich auch gesagt: so willst du doch nicht enden, aber er wusste kein Mittel gegen die Sucht. Seine Frau hat immer stillgehalten. Sie hat nicht getrunken, nur mal bei Familienfeiern ein kleines Bier. Bei der Arbeit hat er sich gut getarnt. Da gibt es zahllose Methoden, den Alkoholgeruch zu dämmen und sich zu beherrschen, damit man normal wirkte. Knoblauch, Kardamon, Nelken, Kümmel, das alles hilft und es ist immer gut gegangen. Nie hat ihn jemand in dieser Zeit ermahnt. Er war schon schwer alkoholabhängig, hat aber weiter funktioniert. Nur seine Frau war mal traurig, mal wütend, ermahnte ihn, weniger zu trinken, einen Entzug zu machen, endlich damit aufzuhören. Sie hat nicht wirklich gedroht auszuziehen, und er hat immer gesagt, dass er bestimmt nicht mehr arbeitet, wenn sie ihn mal verlässt. Und so ist es auch gekommen. Michael ist der Typ, der keine Randale macht wenn er voll ist, er wird einfach müde und schläft den Rausch aus, aggressiv war er nie, sagt er.

An einem Tag im Jahr 1995, dessen Datum er nie vergessen wird, kam er von der Frühschicht nach Hause.

Da lag ein Zettel auf dem Tisch: Wir sind weg.

Die Kinderzimmer waren ausgeräumt, alles, was sie brauchte, hatte sie mitgenommen, nur seine Sachen waren noch da. Über Handy erreichte er sie nicht, das Telefon war abgestellt, er erreichte sie überhaupt nicht, wusste nicht, wo sie war. Damals hatte er schon einen Bandscheibenvorfall und arbeitete als Pförtner, weil er die schwere Arbeit in der Küche nicht mehr schaffte. Von diesem Tag an wollte er nicht mehr arbeiten, tat alles, damit ihm gekündigt wurde, bekam auch seine erste Abmahnung, und dann war einfach Schluss. Für ihn schien das Leben seinen Sinn verloren zu haben. Er liebe Claudia immer noch, möchte sich nie scheiden lassen, aber es gab keine Chance auf ein Zurück. Michael stürzte ab, kriegte nichts mehr geregelt, denn alles, was es zu regeln gab, hatte seine Frau immer gemacht. Sie reichte die Scheidung ein.

Vor Gericht ging es um eine Eigentumswohnung, die sie als Kapitalanlage gekauft hatten. Als das geklärt war, fragte der Richter, ob sie die Scheidung auch gleich mitmachen wollten. Michael wehrte sich, sagte: Ich lass mich nicht scheiden. Und so blieb es bis zum heutigen Tag. Sie lebt - jetzt schwer krank – bei ihren Eltern, die Kinder sind erwachsen. Mit ihnen hat er keinen Kontakt mehr. Nach der Trennung ließ er sich schleifen, vergaß die Daueraufträge, vergaß alles. Dann kam die Räumung wegen Mietschulden. Er wurde in eine Winzwohnung verfrachtet. Dort lernte er jemanden kennen, der einen Betreuer hatte. Den bat er, auch sein Betreuer zu werden. Er brauchte einen festen Rahmen, um mit dem Geld zurecht zu kommen, mit der Krankenkasse, mit dem Arbeitsamt. Er brauchte Hilfe und holte sie sich schließlich aus eigenem Antrieb. Mit dem Betreuer ist er immer noch zufrieden. Der verwaltet seine kleine Rente und gibt ihm monatlich eine Art Taschengeld. Die Wohnung und alle festen Kosten werden vom Betreuer bezahlt. So kommt Michael gut zu Recht.

Die Wohnung mit zweieinhalb Zimmern, dicht beim Nordmarkt, liegt im Erdgeschoss. Das ist wichtig wegen des kaputten Rückens. Er hat 90 Prozent Schwerstbehinderung. Die wirklich schlimme Krankheit aber kam erst später. Krebs am Kiefer brach aus, als er schon arbeitslos war. Zuerst merkte er nur eine Verhärtung im Mund. Der Arzt wies ihn ins Krankenhaus ein. Die erste Speicheldrüse wurde entfernt. Anfangs ging es ihm wieder gut. Doch dann kam die andere Seite. Lymphdrüsen mussten raus. Es war bösartig. Nach vielen Monaten mit Schmerzen fühlt er sich heute wieder gesund, kann wieder essen und ein normales Leben führen.

Das Gast-Haus hat er durch einen Kollegen kennen gelernt, erst später erfahren, dass es dort auch einen Arzt gibt.

Was bedeutet das Gast-Haus für ihn?

Viel bedeutet es, sagt Michael. Ich gehe gern mal frühstücken, Freunde treffen. Manche dort sind in Ordnung, mit denen kommt er ins Gespräch, andere sind ganz abgestürzt, mit denen kann er nichts anfangen.

Der Alkohol ist weiter ein Problem für ihn. Andere Drogen hat er nie genommen. Er will sich bremsen und es liegt schon eine Einweisung für den Entzug in der Praxis bereit. Aber jetzt kommt Weihnachten, da kann er mal wieder für nichts garantieren. Am Abend geht er mit den Eltern in die Kirche. Die sind dann bei der Schwester eingeladen, er nicht, weil er mit dem Schwager nicht zurechtkommt. Am ersten Feiertag geht er zu seinen Eltern, um das Festessen zu kochen. Darauf freut er sich schon. Wieder gibt es Gans...Regelmäßig donnerstags und sonntags ist er bei den Eltern.

Sie haben immer zu ihm gehalten, andere haben sich abgewendet.

Eine feste Frauenbeziehung hat er seit der Trennung nicht mehr gehabt, nur One-Night-Stands. Mehr nicht.

Vom jetzigen Alltag ist schnell erzählt: Aufstehen, Badezimmer, Waschen, in der Küche Kaffee kochen, einen Toast essen, einkaufen, zum Arzt gehen. Bald kriegt er eine neue Küche und macht noch einiges in der Wohnung, die hell, sauber und aufgeräumt wirkt. Mittags macht er sich oft selbst etwas zu essen, manchmal isst er auch in der Suppenküche Kana ganz in der Nähe, manchmal im Wichern. Nachmittags geht er oft zu Kollegen oder guckt zu Hause fern, zweimal die Woche bei den Eltern, die ihm immer noch was mitgeben.

Michaels Lebenswünsche?

Er wünscht sich eine feste Beziehung zu einer Frau so um die 45 Jahre und mit viel Verständnis für ihn. So jemand ist schwer zu finden, aber er hat die Hoffnung noch nicht aufgegeben, sagt er. Schön wäre eine Beziehung auf Dauer, mit allem drum und dran, in der man sich gegenseitig ergänzt und sich hilft. Da kann er sich auch vorstellen, vom Alkohol runterzukommen. Eine Frau für den Lebensabend. Ich weiß, bekennt er, es liegt an mir, wenn es nicht klappt. Am besten wäre, die Frau kennt mich schon vorher und dann gibt sie mir den letzten Schubs zum Aufhören. Das wäre toll! Es muss eine sein, die nicht drängelt, die ihn machen lässt und nur den letzten Anstoß gibt. Dann würde er sofort in den Entzug gehen und für immer aufhören. Davon träumt Michael und denkt, so könnte es gehen. Er hofft immer noch auf dieses Wunder.

Gab es andere Wünsche in seinem Leben?

Die gab es. Sein Herzenswunsch war, einmal nach Kanada zu fahren. Das war so ein Traum, den er schon früh hatte, den er aber wohl niemals verwirklichen kann: Durch Kanada reisen, die Weite des Landes erkunden. Es hat nie dafür gereicht. Sie waren nicht arm, es war genug da, er hat jede Menge Überstunden gekloppt, aber für Kanada hat es nie gereicht. Käme er vom Alkohol runter, ginge es vielleicht.

Das war mal mein Traum, das wäre es gewesen, sagt Michael nachdenklich und hat offenbar ganz viele Bilder im Kopf, vom Traumland, von Kanada.

Schneeglöckchen

Auf dem Tresen im Eingangsbereich der Arztpraxis steht am 1. März 2010 in einem kleinen Schnapsglas ein Strauß Schneeglöckchen.

Die Patienten strömen in den Raum. Einige beachten gar nichts, außer den wenigen Stühle im Wartebereich und dass sie davon einen abbekommen mögen. Andere sehen die Blumen, sagen: Oh wie schön! Jetzt ist bald Frühling oder so ähnlich. Einer sagt:

Oh Glöckchen, gibt es die nicht auch in rot?

Alle bezweifeln, dass es roten Schnee gibt und lachen, fragen, wie die Dinger richtig heißen. Auch die polnischen Gäste suchen nach dem passenden Wort in ihrer Sprache.

Dann kommt einer, der für seine Lautstärke bekannt ist und gern einen trinkt. Er sieht das kleine Glas, sagt: oh, ist da auch was Richtiges drin? Alle amüsieren sich über seine Alkoholleidenschaft.

Schneeglöckchen, sagt er, als seine Frau ihn aufklärt,

was brauch ich Schneeglöckchen, ich brauch Schnaps.

Im Laufe des Nachmittags blühen die Schneeglöckchen auf, verbreiten einen zarten Duft in dem sonst
stickigen Raum.

Einige nehmen es wahr, bemerken verwundert, dass
es heute so anders riecht als sonst. Schön, sagen sie
und: das könnten wir hier häufiger gebrauchen.

Karl-Heinz

Karl-Heinz? Wo ist Karl-Heinz? Hier muss jemand zum Optiker, hier hat jemand keinen Ausweis. Kann sich Karl-Heinz mal darum kümmern? Wo ist er? Ach, er holt gerade Tee.

So kann es schon früh am Morgen in der Arztpraxis zugehen.

Karl-Heinz, der viel Gefragte, steht seit einigen Jahren in der Obdachlosenpraxis vom Gast-Haus für guten Rat, für die Begleitung zu Behörden, zum Optiker, für kenntnisreiche Hinweise zu Sozialticket und Wohnungssuche zur Verfügung. Regelmäßig kommt er zur Sprechstundenzeit mit guter Laune ins Haus und ist für mancherlei Hilfestellung im Dschungel der Sozialbürokratie zuständig. Diese Art Sozialarbeit war ihm nicht in die Wiege gelegt. 1948, kurz nach dem Krieg in Lünen in eine typische Bergarbeiterfamilie geboren, lernte er Bergmann wie sein Vater, der bei einem Grubenunfall tödlich verunglückte. Da war der Junge erst vier Jahre alt. Seine Mutter stand mit drei kleinen Kindern allein da, heiratete wieder. Noch vier Kinder kamen dazu, eine Großfamilie, in der jeder seine Aufgabe hatte. Der Stiefvater war in Ordnung, hat nie geschlagen, war streng, aber gerecht. Karl-Heinz kann auf eine gut behütete Kindheit zurückblicken. Gern hat er in der Schule Sport gemacht, auch Religion und Geschichte interessierten ihn. Er ging in die Jungschar der Kirchengemeinde. Ein geordnetes Leben. Der Stiefvater beschäftigte sich mit Tauben, was den Jungen sehr interessierte. Sie wohnten in einer Siedlung der Zeche Viktoria mit Garten und Hühnern in Alt-Lünen, dicht an der Lippe. Nach der achten Klasse kam Karl-Heinz auf den Pütt, Bergmann lernen. Damals wurde die erste Zeche, ausgerechnet Viktoria, geschlossen. Noch ein Jahr arbeitete er auf Gneisenau. Dann kam er zur Bundeswehr.

Freiwillig ging er zu den Panzergrenadieren, kam nach Bielefeld ins Sennelager. Nach der Ausbildung dann das Angebot, Sanitäter in Oldenburg zu lernen. Das machte er bis 1972. Seine Frau lernte er ein Jahr später kennen, 1982 heirateten sie, bekamen eine Tochter. Seine Frau war eine erfolgreiche Bankkauffrau, leitete eine Filiale der Sparkasse, war ein lustiger Typ, offen und an allem interessiert. In der Freizeit machten die beiden häufig Ausflüge, lernten im Urlaub die Welt kennen, bereisten immer wieder Spanien, Teneriffa, auch Kenia und Kuwait. Als die Tochter geboren wurde, konnte seine Frau zu Hause am Computer ihre Arbeit fortsetzen. Sie traf sich auch gern mit anderen Frauen, hatte einen festen Kreis zu Spielabenden und Ausflügen. Karl-Heinz fuhr Motorrad, jeder hatte seine Interessen und die Freiheit dazu. Die Tochter entwickelte sich gut, ging aufs Gymnasium, träumte davon, Tierärztin zu werden.

Nach der Bundeswehr hatte Karl-Heinz Gerber gelernt. Es war eine Umschulung, die in eineinhalb Jahren abgeschlossen werden konnte. Sie zogen nach Bielefeld. In Brackwede bei den Möller-Werken fand er Arbeit. Nach zwei Jahren stieg er zum Vorarbeiter auf. Alles war wohlgeordnet.

Alles war wohlgeordnet. Eine übersichtliche Welt mit Arbeit, Urlaub, Freizeit, Frau und Kind.

Bis dann im Oktober 1998 die schreckliche Nacht anbrach, die alles veränderte. Ein Autounfall. Seine Frau starb zuerst, zwei Tage später die Tochter. Karl-Heinz hatte Nachtschicht und seine Schwiegermutter in Kamen Geburtstag. Frau und Tochter hatten schon mal vorfahren sollen, er wollte nach der Schicht mit dem Zug nachkommen. Kurz vor 23 Uhr der Anruf. Frau und Kind liegen im Krankenhaus in Kamen, er muss sofort kommen. Wie jetzt in der Nacht nach Kamen fahren? Ein Nachbar erklärte sich bereit, ihn dort hinzubringen. Als er ins Krankenhaus kam, sagten die Ärzte ganz nüchtern, dass sie ihm die traurige Mitteilung machen müssten, seine Frau sei verstorben und die Tochter liege im Koma. Sie könnten nicht sagen, ob das Mädchen es schaffen würde. Er bekam eine Beruhigungstablette und konnte etwas schlafen. Nach zwei Tagen starb auch die Tochter. Alles musste er nun regeln, die Schwiegermutter half so gut sie konnte. An seinem Geburtstag, dem 6. November, hat er dann beide beerdigt. Es war eine schlimme Zeit. Nach drei Wochen fing er wieder an zu arbeiten, aber da war kein Antrieb, nichts, nur die leere Wohnung. Wozu sollte er noch arbeiten? Karl-Heinz sah darin keinen Sinn mehr. Es war zu hart, und so bat er beim Chef erst einmal um Urlaub. Mit dem Urlaubsschein in der Tasche ging er in ein Reisebüro, sah das Angebot: Sri Lanka. Also, ab nach Sri Lanka. Als er wieder kam, stand er auf dem Flughafen und konnte nicht zurück in sein altes Leben, hat sofort neu gebucht: Miami. Einfach so. Und als er zurückkam, lag schon die Abmahnung mit der Kündigung in der Post. Klar, er hatte den Urlaub überzogen. Er hätte trotzdem wieder anfangen können, aber er wollte einfach nicht mehr, ihm war auch die Kündigung egal. Die Betriebsrätin riet ihm zu einer normalen Kündigung. Dann könne er auch eine Abfindung bekommen. Dem stimmte er zu und kassierte als Abfindung noch circa 20 000 DM. Der Betrieb musste in dieser Zeit ungefähr die Hälfte des Personals entlassen und hatte daher einen Sozialplan, der Karl-Heinz zugute kam.

Nun hatte er erst einmal Geld und keine Verpflichtungen und fuhr mit der goldenen Kreditkarte in der Tasche nach Spanien. In Barcelona kaufte er sich einen Fiat Panda, einen Schlafsack, ein Zelt, einen Campingkocher und fuhr los. So ging es eineinhalb Jahre. Er fuhr kreuz und quer durch Spanien, lebte gut, aber nicht üppig.

Eines Tages, als er wieder einmal per Kreditkarte Geld holen wollte, hieß es: Nichts geht mehr. Ende. Auch der Dispo war bis zur Neige aufgebraucht. Er hatte nie darüber nachgedacht, dass das Geld auch mal zu Ende sein könnte. Es waren immerhin insgesamt ungefähr 200 000 DM gewesen! Das Sparbuch, die Rücklagen, die Abfindung, alles war weg. Er war bisher gut zurechtgekommen, hatte sich immer angenehme Plätze ausgesucht, wo er schlafen konnte, hatte die Menschen vor Ort gefragt, ob das okay wäre mit dem Zelt. Meist waren sie freundlich und halfen ihm. Hier war ein Fest und dort eins und überall waren die Leute

lustig, haben ihn auf einen Wein eingeladen, gute Rat-
schläge gegeben und er hatte Spaß.

Ich bereue nichts, sagt Karl-Heinz heute mit Überzeugung.

sagt Karl-Heinz heute mit Überzeugung. Er hat am
Strand gelegen, ist mal schwimmen gegangen. Mit dem
kleinen Kocher konnte er sich morgens einen Kaffee
kochen. Ein modernes Nomadenleben, mit dem er gut
zurechtkam. Das Geld ging halt so weg. Einmal fuhr
er auch im Autoreisezug, weil der Weg in den Süden
zu weit war, dann ging es wieder nach Madrid, weiter
ins Baskenland, überall hin, wie es gerade kam. Es war
gut, wie es war und er war es zufrieden. Die Menschen
zeigten sich meist hilfsbereit. Die Spanier sind sehr
höfliche Menschen, sagt er. Man hat immer etwas gekriegt und ein paar gute Worte gewechselt.
Doch dann kam die Zeit ohne Geld. Er hatte noch nie
in seinem Leben gehungert, noch nie gebettelt. Was
tun? Zum Glück machte er die Bekanntschaft eines
Spaniers, Pedro mit Namen, der ihm erzählte, in den
Plantagen sei jetzt gerade Saison beim Apfelsinen
pflücken, da könnte man ordentliches Geld verdienen.
Das Angebot nahm er gern an, verdingte sich als Pflü-
cker. Es war gute Arbeit. Abends bekam man Essen
und einen Wein, sie schliefen auf Stroh und über Tag
schufteten sie für 1000 Peseta die Stunde. Die ersten
Tage waren natürlich hart für ihn. Er war keine körper-
liche Arbeit mehr gewöhnt. Der Patron dachte sozial,
brachte auch mal etwas zu essen oder Tabak mit. Als
sie dort fertig waren, fing die Saison auf Mallorca an.
Er entschloss sich, sein Glück auf der Insel zu suchen.
Die Fähre war billig und er hatte Geld genug, um erst

einmal ein paar Tage Urlaub zu machen und Mallorca kennen zu lernen. Nach drei Wochen fand er Arbeit in einer Bar am Zapfhahn. Auf diese Art lebte er ungefähr zwei Jahre. Bei der Fußballweltmeisterschaft 2002 hat er besonders gut verdient. Doch dann, aus heiterem Himmel: Ein Herzinfarkt! An einem Morgen wollte er gerade zum Strand, sagte, er mache später die Mittagsschicht, da war es plötzlich geschehen. Heftige Schmerzen, er wurde bewusstlos. Man holte einen Krankenwagen, brachte ihn ins Krankenhaus. Neun Tage haben sie ihn behandelt, obwohl er keine Versicherung hatte. Sie kümmerten sich vor allem um das Herz, haben aber nicht gemerkt, dass er auch einen Oberschenkelhalsbruch hatte. Jede Bewegung tat höllisch weh, aber man beruhigte ihn, das würde schon wieder. Jemand vom deutschen Konsulat kam und schlug vor, ihn nach Deutschland zu überführen. Wohin? Er entschied: Nach Dortmund und alles wurde so geregelt, dass am Flughafen gleich ein Krankenwagen stand und ihn ins Krankenhaus brachte. Das hat gut geklappt. Im Krankenhaus kümmerte sich der Sozialdienst um ihn, regelte seine Papiere, die Versicherung. Die Ärzte haben ihm drei Stens eingesetzt und ihm gesagt, er hätte ein Schweineglück gehabt, dass er überhaupt noch lebte. Sie haben auch den Bruch am Oberschenkelhals versorgt.

Mit Gehhilfen kam er raus, war ohne Wohnung, ohne Geld.

Zwei Tage übernachtete er in einem Männerwohnheim. Doch da gefiel es ihm überhaupt nicht. Morgens pusten, abends pusten, obwohl er doch keinen Alkohol trank und die Anzeige immer auf Null stand. Das widerte ihn an. Die Kontrollen fand er entwürdigend, suchte nach einer Alternative. In der Rheinischen Straße im Gast-Haus sprach er mit Alfons, dem katholischen Pfarrer. Der wollte ihm helfen und es fand sich auch bald ein Zimmer für ihn. Inzwischen hatte er eine neue Hüfte bekommen, fühlte sich wieder fit und hatte Sehnsucht nach Abenteuern. Ihm gefiel hier alles nicht so richtig und so sagte er sich, ich haue wieder ab, ab nach Spanien, am besten gleich nach Mallorca.

Nur 48 € kostete der Flug und er hoffte, auf der Insel schnell wieder Arbeit zu kriegen. Doch dieses Mal ging es nicht so, wie er erhofft hatte. Es ging einfach gar nichts mehr.

Er war zu alt, zu krank, konnte nicht mehr so arbeiten wie früher.

Er war ganz unten angekommen, ohne Geld, ohne Arbeit, musste in Mülltonnen nach Essbarem wühlen, nahm das, was verpackt war, sonst war der Ekel zu groß. Er machte sich Quartier in einer Höhle. Die lag etwas außerhalb von Palma. Mit drei Mann lagen sie dort, hatten sich alte Matratzen besorgt, waren zumindest vor Wind und Regen geschützt. Die beiden Kumpel kamen auch aus Deutschland, einer von ihnen lebt immer noch auf Mallorca. Irgendwie ging das Leben weiter, aber es war schwer. Immer auf der Lauer nach etwas Essbarem. Manchmal gaben die Leute ihm die Mülltüte mit Resten, bevor sie sie in den allgemeinen Abfall warfen. Das war das Beste, was er bekommen konnte.

Zwar gibt es auf Mallorca Hilfe für Obdachlose. Hinter der Kirche in Palma kann man jeden Tag etwas War-

mes zu essen bekommen. Geld gibt es nicht, nur Hilfe in Naturalien. Insgesamt ist auf der Insel die soziale Absicherung nicht so gut. So erhoffte er sich in Barcelona mehr Möglichkeiten zum Überleben. Er fuhr aufs Festland. Vor einem Laden in einem Vorort von Barcelona, einem ehemaligen Fischerdorf, hat er dann betteln gelernt. Er hat die Türen für die Kunden aufgehalten, höflich gegrüßt, auch mal Taschen getragen, und dafür ein bisschen Geld gekriegt. So circa 20 € am Tag konnte man dabei machen.

Geschämt, ja, etwas geschämt hat er sich schon, aber dafür war eigentlich keine Zeit und Kraft.

Es musste weitergehen. Und es ging weiter, circa ein halbes Jahr. Es entwickelte sich ein ganz regelmäßiger Tagesablauf, sieben Uhr aufstehen, sich waschen, Kaffee kochen, betteln gehen. Mit einem Nachbarn konnte er verabreden, dass er im Hof eine Hütte ausbauen konnte, sich dort waschen durfte. Alles ging seinen fast schon normalen Gang, wurde mit der Zeit auch langweilig. Selbst Barcelona kann öde werden, wenn man immer das Gleiche tun muss, die gleichen Gesichter sieht, die gleichen Türen aufhält, alles wie immer, Tag für Tag. Geld zum Ausgehen hatte er nicht. Das wenige musste fürs Essen reichen, mehr war nicht drin, höchstens mal einen Kaffee, mal auf den Ramblas rauf und runter laufen, das war alles, sonst jeder Tag wie der vergangene. Um aus dieser Mühle heraus zu kommen, verabredete er mit einem alten Hippie, der am Hafen saß und Flöte spielte, gemeinsam auf Tour zu gehen. Der machte jedes Jahr seine Tour per Anhalter durch Spanien. Einen Hund hatte er auch dabei. Der sagte eines Tages, mit dir würde ich gern losziehen. Komm mit und so hat Karl-Heinz sich ihm angeschlossen. Der Mann hat Flöte gespielt und Karl-Heinz hat gesammelt. Sie kamen runter bis nach Malaga. Doch dann wurde der Flötenspieler leider schwer krank und Karl-Heinz hatte plötzlich auch noch den Hund am Hals, was er niemals wollte, denn mit Hund kommt man schlecht weg, keiner will einen im Auto mitnehmen. Irgendwie kam Karl-Heinz zurück nach Barcelona, und dann, ich Idiot, sagt er heute, bin ich wieder auf die Insel. Er hatte ein klein bisschen Geld auf der Tasche für die Überfahrt und bis 2006 war er dann wieder auf Mallorca. Doch es blieb schwierig. Ein Leben von der Hand in den Mund. Er konnte nicht mehr so lange stehen und körperlich arbeiten. In einer kleinen Bar hat er die Stühle rausgestellt, gefegt, meist so gegen 1 Uhr des Nachts wieder eingeräumt. Das brachte ein bisschen Geld, um die 15 € am Tag, und in der Bar konnte er ohne Bezahlung immer etwas zu trinken haben. Geschlafen hat er wieder in einer Höhle. Das ging ganz gut und jetzt, beim Mallorca-Urlaub mit seiner neuen Partnerin, hat er ihr die Höhle gezeigt. Erinnerungen an eine schwierige Zeit.

Irgendwann hat er sich gesagt, das ist kein Leben mehr.

Er brauchte auch Medikamente, hatte inzwischen Diabetes, begriff, dass er nach Deutschland zurück musste, sparte sich etwas Geld vom Mund ab und konnte schließlich den Flug heimwärts bezahlen. Bis Berlin-Tegel. Da hat er sich für 15€ ein Fahrrad gekauft und ist mit dem alten Ding zurück nach Dortmund. Über die Karpaten sozusagen, zur Elbe, durch Helmstedt,

Hannover, und dann war er endlich in Dortmund. Erst hat er irgendwo am Hafen übernachtet, doch es wurde kälter und kälter und er konnte auch nicht mehr so gut Fahrrad fahren. Es musste etwas geschehen. Wieder ging er zum Gast-Haus, wo es inzwischen die Arztpraxis gab und lernte Doc Klaus kennen. Der hat ihm die richtigen Medikamente gegeben und ihn, als es ihm schlechter ging, ins Krankenhaus eingewiesen. Karl-Heinz war noch immer ohne Versicherung, der Zuckerwert lag bei über 600 und er musste dringend behandelt werden. Im Krankenhaus wurde er gut eingestellt und der Sozialdienst hat sich um die Versicherung, das Geld vom Sozialamt und eine Bleibe gekümmert.

Als er raus kam, hatte er eine kleine Wohnung und auch gesundheitlich ging es wieder bergauf. Er kriegte Geld vom Arbeitsamt. Die sagten bald, er sei nicht mehr vermittelbar und müsse die Rente einreichen. So ist es dann auch gekommen. Praktisch hat Karl-Heinz ab 2007 ein neues Leben angefangen. Mit dem alten ist das nicht zu vergleichen. Ein ruhigeres Leben. Heute ist der Alltag nicht mehr so aufreibend. Er muss nicht mehr jeden Tag um alles kämpfen, kommt gut zurecht. hat eine Frau in seinem Alter kennen gelernt. Ihr hat er auch geholfen, von den Schulden runter zu kommen und wenn die Tochter sich nicht einmischt, ist alles okay. Sicher, es gibt Hochs und Tiefs in der Beziehung, aber man kann hoffentlich zusammen alt werden. Er hat noch eine kleine eigene Wohnung, und die Vernunft sagt ihm, dass das eigentlich Geldverschwendung ist, zwei Behausungen, aber andererseits ist er dadurch unabhängiger. Es ist schwer, sich richtig zu entscheiden. Er empfindet das Zusammensein mit Doris positiv. Sie hat viel durchgemacht in ihrem Leben und die Beziehung ist gut für sie beide. Jeder ist dadurch ein wenig mehr geschützt. Wer weiß, was die Zukunft bringt, sagt Karl-Heinz. Es kann noch einen Herzinfarkt geben, und er ist froh, dass er dann nicht allein ist. Sie wissen beide, dass sie sich aufeinander verlassen können. Das ist in ihrem Alter enorm wichtig.

Über das Gast-Haus haben sie sich kennen gelernt, sich verabredet. Es war am 1. Mai vor drei Jahren, Maitanz, da traf er sie. Am Anfang war es sehr schön. Zwischendurch gab es Probleme, nun sind die aus der Welt geschafft.

Das Gast-Haus ist heute sein Arbeitsplatz. Regelmäßig hilft er in der Arztpraxis, sagt: Ich tue das gern, es ist etwas Sinnvolles.

Inzwischen kenne ich mich auch im Umgang mit Behörden gut aus, weiß, wo man günstige Brillen bekommt, worauf bei der Wohnungssuche zu achten ist. Ich habe viel gelernt und gebe das gern an andere weiter.

Manchmal, sagt er, ist es natürlich auch so, dass du verarscht wirst. Ich mach die vielen Wege und die Leute tun selbst nichts, verlangen aber, dass alles sofort klappt. Wenn er das erlebt, wird er sauer. Was er nicht mag ist das Gehetze. Manche warten Monate, bis sie etwas regeln und dann wollen sie alles von jetzt auf gleich. Das kann er nicht ausstehen. Er sagt sich, was so lange gewartet hat, kann auch noch einen Tag länger warten. Kommandieren lässt er sich nicht. Wenn das jemand versucht, kommt er bei ihm schlecht an.

Die Arbeit strukturiert den Tag und die Woche, das ist wichtig. Er ist kein Typ, der immer im Sessel sitzen will. Er braucht Beschäftigung. Oft freut er sich am Morgen schon darauf, in die Praxis zu kommen, geht nach der Arbeit zu Fuß nach Hause, fühlt sich gut. Mit Doc Klaus hat er ein Verhältnis großen Vertrauens. Es geht nicht nur um die richtigen Medikamente. Es geht vor allem um das Menschliche, um Respekt und gegenseitige Achtung. Für ihn, sagt Karl-Heinz, würde ich alles tun.

Seine Wünsche für die Zukunft sind ganz einfach: Mit Doris in Frieden leben, kein Erschrecken mehr wegen ungeahnter Schuldenberge und sich mal wieder einen Urlaub auf Mallorca leisten können.

So ähnlich waren auch als junger Mann seine Wünsche an das Leben:

Eine Familie gründen, eventuell zwei Kinder, gut arbeiten und schöne Urlaube machen. In der Beziehung lässt jeder dem anderen Raum, bedrängt ihn nicht. So wünscht er es sich auch zukünftig mit seiner Partnerin.

Doris

Noch im Zweiten Weltkrieg als achtes von neun Kindern in Dortmund-Hombruch geboren, hat Doris in ihrem Leben viel durchgemacht und selten glückliche Stunden gehabt. Zur Schule ging sie in der Behringstraße. Der Vater war Polsterer, wechselte dann zu Hoesch, um mehr zu verdienen. Es war die Zeit, als Arbeiter im Stahlwerk gesucht und gut bezahlt wurden. Es hätte also gut laufen können für die Familie, aber es kam anders. Der Alkohol wurde dem Vater wichtiger als das Wohlergehen der Kinder. Seine heranwachsenden Töchter zwang er, auf jede Art Geld zu verdienen, um seine Sucht zu finanzieren. Die Älteste hat er ins Bordell gegeben. Die Zweite - sie hatte einen Sprachfehler - musste in eine Wirtschaft, die nächste beim Arzt putzen gehen und so ging es fort. Nach und nach hat er sie alle rausgeekelt. Etwas lernen durften nur drei, der Bruder, eine Schwester und Doris selbst, aber auch nicht das, was sie gewollt hatte. Sie musste Bäckereiverkäuferin lernen, denn da fiel auch immer mal etwas Kuchen für die Familie ab. So bestimmte der Vater ihr Leben. Alle mussten schwer arbeiten, nur er verkam im Suff. Damals durchschaute sie das alles noch nicht, aber heute versteht sie, was es bedeutete, wenn regelmäßig alle vier Wochen eine höchst elegante Dame mit Chauffeur vor der Tür einem schwarzen Mercedes entstieg. Schnell wurde eine weiße Decke aufgelegt, Kaffee gekocht, Kuchen angeboten, und dann hat die Mutter die Hand aufgehalten und die Frau steckte die Scheine hinein. Wenn sie weg war, fing der Vater an zu schimpfen: Die alte Sau, die Hure. Aber immer erst, wenn sie weg war. Und es gab Nachwuchs aus dieser seltsamen Beziehung. Den Kleinen haben wir, sagt Doris, bis zum dritten Lebensjahr aufgezogen. Ihre Kindheit war nicht so wie man sie sich hätte wünschen können. Zärtlichkeit gab es überhaupt nicht.

Die Mutter hatte eine lockere Hand. Wegen jeder Kleinigkeit gab es Schläge.

Und die Aufklärung war gleich null. Als die Kinder einmal wissen wollten, woher Kinder kommen, wurde ihnen gleich was aufs Maul angedroht, wenn sie noch einmal solche unpassenden Fragen stellten. Eine Großmutter, die man hätte fragen können, gab es nicht mehr. Sie war im Krieg auf der Brückstraße auf eine Miene getreten und gestorben. In der Klasse der Harkortschule waren 56 Kindern und ein ekeliger Lehrer, der Familien mit vielen Kindern nicht leiden konnte. Das hat auch Doris abgekriegt. Mit dem Rohrstock immer drauf und morgens die Finger kontrollieren und wenn da irgendein kleiner Stipps war, wurde gleich zugeschlagen. Einmal hat sie sich gewehrt und ihn ins Bein gebissen. Die Folgen waren ihr egal. Sie wollte das nicht mehr mit sich machen lassen. Eine ihrer Schwestern auch nicht. Die ist nach Hause gelaufen und hat den Vater geholt. Der kam und hat den Lehrer am Schlafittchen gepackt, an den Garderobenhaken gehängt und gesagt: Ich schlage meine Kinder selbst. Da hat der Lehrer sie nicht mehr angerührt. Der Vater hat zum Glück nur gedroht. nie selbst geschlagen, Dafür war die Mutter zuständig. Die ersten Jahre nach dem Krieg hat die Familie häufig gehungert.

Sie sind hamstern gefahren und Doris erinnert sich, dass sie für die Fahrt extra ein Stück Brot bekam. So ein wertvoller Schatz! Den hat sie wieder und wieder angeguckt und war so stolz darauf, dass sie sich gar nicht getraut hat, davon zu essen. Das vergisst sie nie. Manchmal haben sie nur Kartoffelschalen gehabt, die sie auf der Herdplatte geröstet haben, um satt zu werden. Sonst war nichts da.

Ganz in der Nähe ihrer Wohnung gab es die Villa Rosewelk. Dort wurde drei Mal die Woche warmes Essen verteilt. Eine Art Suppenküche. Saure Milch kriegten sie in der Schule. So sind sie über die Runden gekommen. Sie ist bis zur 9. Klasse zur Schule gegangen. Die letzten Jahre auch gern. 1955 kam sie in die Lehre. Leider konnte die Bäckerei Doris dann nicht übernehmen. Deshalb ging sie in den Lebensmitteleinzelhandel. Dort lernte sie auch den zukünftigen Mann kennen und hat 1961 geheiratet. Die ersten drei Jahre waren gut, dann fing er zu saufen an und wurde entmündigt. Deshalb konnte sie sich nicht einfach scheiden lassen. Zwei Jahre hat sie um die Trennung gekämpft, denn der Mann war ein Schläger. Sie wollte wenigstens getrennt leben und ihre Kinder in Ruhe großziehen. Zwischendurch ist sie aus Verzweiflung auch mal abgestürzt, hat getrunken, aber seit langem ist sie trocken und das bleibt auch so.

Die Ehe war unglücklich. Sie musste arbeiten, um die größer werdende Familie zu ernähren, er hat nur rumgehangen und das Verdiente versoffen. Um besser zu Recht zu kommen, hat sie ohne Steuerkarte gearbeitet. Mal in einer Wirtschaft, mal in einer Küche, ist putzen gegangen, hat im Hotel als Zimmermädchen geschuftet. Sie hat alles genommen, was einigermaßen Geld brachte. Mit 38 Jahren hat der Mann sich erhängt. Das war zwar schlimm, aber dadurch war sie endlich frei. Acht Kinder hat sie mit ihm gehabt, sieben leben noch. Eins starb schon als Baby. Sie hat die Kinder groß gezogen und praktisch alles allein gemacht. Sie zählt die Geburtsjahre ihrer Kinder auf: 1961, 1963, 1965, 1967 1969, 1970, 1972, und 1976. Jeder fragt sich, wie sie das alles geschafft hat. Das weiß sie heute auch nicht mehr so genau. Nach dem Tod des Mannes war anfangs nichts geregelt, keine Witwenrente, kein Geld auf dem Konto. Sie hatten nichts zu essen und keine müde Mark. Nach drei Wochen ist sie mit den Kindern nach Huckarde zum Sozialamt. Dem großen Jungen hatte sie eingeschärft: Du weißt Bescheid. Sag, wir haben nichts zu essen und wenn wir jetzt nichts kriegen, erzählt die Mama auf dem Markt, was hier läuft und dass man uns verhungern lässt. Keine fünf Minuten später hatte sie einen Scheck in der Tasche und die Kinder bekamen sogar das Frühstück des Sachbearbeiters. Inzwischen waren sie alle richtig abgemagert, aber schließlich regelte sich die Lage einigermaßen. Doris meint von sich, dass sie die Kinder eher zu sehr verwöhnt und nicht genug gefordert hat. Sie hat alles für sie getan. Das war wahrscheinlich zuviel. Sie ist immer arbeiten gegangen, hat ihnen gegeben, was sie konnte. Und das

haben sie ihr schlecht gedankt. Das, so meint sie heute, war ein Fehler. Deswegen mögen sie sie jetzt nicht mehr, denn sie können nichts mehr von ihr kriegen. Als die Kinder klein waren, hatten sie zwei Kinderzimmer, eins für den Jungen und das andere für die sechs Mädchen. Jeder hatte seinen Platz in der Familie. Alle sind zur Kommunion gegangen und haben in der Schule gute Noten gehabt, eine Lehre angefangen, doch leider immer abgebrochen. Sie hat oft gedrängt, sie sollten durchhalten, aber das hat nicht geklappt. Deshalb mussten sie eben putzen gehen. Mit 18, 19 hätten sie doch selbständig ihr Leben regeln müssen, sagt Doris heute. Aber sie wurden schwanger, haben um Hilfe gebettelt. Und sie, die Mutter, hat immer funktioniert. In viereinhalb Zimmern haben sie manches Mal mit 13 Personen gewohnt.

Irgendwann konnte sie nicht mehr, hat sie alle rausgeschmissen, hatte einen Nervenzusammenbruch.

Dann war Schluss. Und darüber sind die Kinder noch heute sauer. Einige haben sich wieder gefangen, nachträglich den Realschulabschluss gemacht, eine ist im kaufmännischen Bereich tätig, eine arbeitet in einem Freizeitzentrum. Das ist alles okay und die Kleine hätte auch lernen können. Aber sie hatte keine Lust. Die Jüngste hat mit Kind bei ihr gewohnt, alles gekriegt und hinter ihrem Rücken schlecht über sie geredet. Damit ist sie fertig.

Seit Januar bekommt Doris eine kleine Rente. Vorher lebte sie von Hartz IV. Dass sie so lange ohne Steuerkarte gearbeitet hat, bedauert sie heute. Damals war es ganz schön, weil man ordentlich was auf die Hand kriegte, aber im Nachhinein sagt sie sich, dass sie doof war, denn so ist die Rente klein und sie hat heute das Nachsehen.

Mit neuen Beziehungen hatte sie auch nicht viel Glück. Nur zuletzt ist es anders geworden. Sie kann Nähe nicht so gut ertragen. Sie braucht Abstand, auch jetzt, in der neuen Beziehung mit Karl-Heinz, die schön ist. Es muss langsam und behutsam zugehen. Sie hat so viele schlechte Erfahrungen gemacht. Da braucht sie Ruhe und viel Zeit, um sich an jemanden zu gewöhnen. Anfangs hat der Neue das nicht verstehen können, aber seit er von ihrem Leben weiß, respektiert er das.

Wenn sie auf ihr Leben zurückblickt, macht sie vor allem dem Jugendamt Vorwürfe, weil die ihr damals nicht geholfen haben. Sie spürte schon, dass sie mit den Kindern allein nicht mehr fertig wird und hat um Hilfe gebeten. Aber dort wurde ihr nur gesagt, es wäre eben schwer, wenn der Vater tot ist. Mit der Zeit würde es sicher wieder besser. Die haben nur Sprüche gemacht und ihr nicht beigestanden. Allein mit den sieben Blagen war sie überfordert. Nach dieser Enttäuschung hat sie sich gesagt, wenn ihr keiner helfen will, lässt sie es eben einfach laufen.

Einmal sind die beiden Ältesten abgehauen und haben auch noch das Urlaubsgeld, das sie zusammengespart hatte, mitgenommen. Nachts kam von der Grenze dann ein Anruf, sie sollte sofort kommen. Ihr Sohn, ihre Tochter und die Freundin wären aufgegriffen worden. Da hat sie gesagt, ne, das soll jetzt das Jugendamt machen. Die könnten sie anrufen, mich nicht mehr. Die Kinder mussten eine Nacht in einem Übergangsheim für Jugendliche übernachten und am nächsten Morgen brachte jemand vom Jugendamt ihr dann die Kinder zurück. Während das passierte, lag eine andere Tochter mit Blinddarmoperation im Krankenhaus. Sie war lange bei ihr geblieben und in den wenigen Stunden Schlaf wurde sie durch das Telefongespräch von der Grenze gestört.

Sie hatte keine Kraft mehr, sich um alles zu sorgen.

Die Großen sollten sehen, dass sie allein zurechtkämen. Sie musste sich vor allem um die Kleinen kümmern. Dass sich der Sohn für die Sache entschuldigt hat, rechnet sie ihm hoch an. Der ist später in den Fernverkehr gegangen, hat sich gut entwickelt und immer gearbeitet. Kontakt mit ihm hat sie nicht mehr. Die Jüngste ist 2001 nach Bayern zu der Schwester geflohen, weil man ihr das Kind wegnehmen wollte. Doris bekam einen Anruf: Komm nach Bayern, ich brauche dich. Sie hat sofort ihre Sachen gepackt und ist zu ihrer Tochter. Doch das Kind war schon nicht mehr da. Die Kleine wurde der Mutter weggenommen und kam in eine Pflegefamilie, später zum Vater. Das ist zwar traurig, aber nicht zu ändern. Die Hauptsache ist, dass sich das Enkelkind gut entwickelt und alles bekommt, was es dazu braucht. Die Tochter wird sich nicht mehr ändern, meint Doris, und sie will auch nichts mehr mit ihr zu tun haben. Das war alles zu schlimm und verletzend. Sie wohnt in der Nähe, aber Doris meidet jeden Kontakt.

In Bayern hatte sie ein schreckliches Erlebnis. Ein Bekannter hat sie vergewaltigt. Da wollte sie nur noch weg. Die Tochter ist mit. Zuerst haben sie in Dortmund in der Frauenübernachtungsstelle in der Kronprinzenstrasse geschlafen. Von dort ging es ins Frauenhaus nach Brünninghausen. Das ist, sagt Doris, wie offener Strafvollzug. Furchtbar! Sie hat geputzt und gemacht und die anderen Frauen und die Leiterin haben sie beschimpft. Es gab auch keine psychologische Betreuung. Die Sozialarbeiterin hat gleich gewarnt, dass der Aufenthalt im Frauenhaus kein Urlaub sei. Als der Pfarrer sie später einmal fragte, ob er eine Frau dahin empfehlen könnte, hat sie gesagt: Lass es, das ist die Hölle, das ist unzumutbar.

Die Lage im Frauenhaus eskalierte. Man machte ihr schwere Vorwürfe, obwohl sie doch ihre Pflicht tat und alles geputzt hat. Das ganze Haus von oben bis unten. 30 Frauen lebten dort und jede musste etwas tun. Die Sozialarbeiterin hat schließlich eingelenkt und verstanden, dass sie nach der Vergewaltigung eigentlich psychologische Betreuung brauchte. Aber Doris wollte nicht mehr bleiben, wollte einfach nur weg. Die Tochter hat die Wohnungssuche in die Hand genommen. Vertraglich wurde es ihre Wohnung. Das war wahrscheinlich ein Fehler. Sie sind zusammen eingezogen, hatten deshalb ständig Streit. Doris bezahlte den Strom, die Tochter die Einkäufe. So war es abgesprochen. Praktisch saß Doris morgens schon vor der Tür, bis sie zum Gast-Haus zum Frühstücken gehen konnte. Es war eine böse Zeit! Sie ist dann zur Rheinischen Straße, wo es ab 8 Uhr Frühstück gab. Das Gast-Haus war ihr eigentliches Zuhause. Sie hatte viele Gespräche mit den Pfarrern und fand dort Trost. Eines Tages kam Doris heim und alles war rausgeräumt, auch ihr Bett. Sie hat sich nicht mehr gewehrt, hat sich eine Luftmatratze gekauft, damit sie nicht auf der Erde schlafen musste und fertig.

Der jetzige Partner hat schließlich geholfen, Möbel zu besorgen, um die Zimmer wohnlich zu machen. Hier war mal was und dort und so hat sie sich nach und nach wieder eingerichtet. Doris lebt nach der Devise:

Was ich nicht habe, das brauche ich auch nicht und damit ist sie zufrieden.

Gesundheitlich ging es ihr auch nicht so gut. Sie hatte hohen Blutdruck, aber jetzt ist sie mit Medikamenten gut eingestellt und es geht ihr besser. Der neue Partner, Karl-Heinz, ist wie sie eng mit dem Gast-Haus verbunden. Dort haben sie sich auch kennen gelernt. Er hat damals gesehen, wie traurig sie guckte, hat sie angesprochen, gefragt, was los wäre. Sie konnte erst nicht über ihren Kummer sprechen. Aber er hat nicht locker gelassen und seitdem haben sie viele schöne Stunden zusammen verbracht. Sogar einen Urlaub.

Im Herbst ist sie zum ersten Mal in ihrem Leben in Urlaub gefahren. Nach Mallorca. Das hat ihr sehr gut gefallen. Vorher war sie total aufgeregt, konnte wochenlang nicht schlafen. Aber als sie dann im Flugzeug saßen, war alles gut. Das schien ihr wie Bus fahren. Ganz harmlos. Und gegen den Druck in den Ohren hat sie Kaugummi gekaut. So hat sie den Urlaub sehr genossen und freut sich schon auf den nächsten.

Welche Träume hatte sie als junges Mädchen?

Doris sagt, sie wollte eigentlich Kinderkrankenschwester werden, aber das durfte sie nicht, weil dem Vater nur der eigene Vorteil wichtig war.

Und Wünsche für die Zukunft?

Doris würde gern noch mal in Urlaub fahren. Es war so schön auf Mallorca. Da ist sie auf den Geschmack gekommen. Wichtig ist ihr auch, dass sie beide sich weiter gut verstehen und noch lange einigermaßen gesund bleiben.

Das Gast-Haus bedeutet ihr viel. In der Suppenküche

Kana hat sie zum ersten Mal davon gehört. Es hat ihr gleich gefallen. Alle waren nett und man konnte sich gut unterhalten. Sie war überrascht, wie es dort zugeht. So viele freundliche Leute. Es ärgert sie immer, wenn die Helfer unhöflich behandelt werden und man nicht danke und bitte sagt. Das sind doch alles Ehrenamtliche, sagt sie dann. Alle machen das freiwillig und da sollte man wenigstens höflich und dankbar sein. Gern ist sie auch in die Bibelstunde gegangen und wenn sie gesundheitlich kann, wird sie das auch bald wieder machen.

Burkhard

Ich bin ein Fan von Jesus,

sagt Burkhard und zeigt auf eine stattliche Reihe Bücher, die säuberlich im Regal aufgestellt sind. Es geht um die Suche nach der Wahrheit über den Mann Jesu. Das Judas-Evangelium, Maria Magdalena und ihr Verhältnis zu Jesus, all das interessiert Burkhard sehr und er beschäftigt sich in seiner Einraumwohnung intensiv damit. Im Judas-Evangelium liest er wie ein Student mit Anstreichungen, berichtet, dass nach diesem Text Judas von Jesus ausdrücklich als sein Verräter ausgewählt wurde. Experten hätten das genau erforscht. Jesus, davon ist er fest überzeugt, war ein Mensch, der so lebte und starb wie die Forscher es herausgefunden haben. Ob er ein Gott war, ist für ihn zweifelhaft, wohl eher nicht. Noch ein anderes Thema treibt ihn um: Romy Schneider! Wer sich in seiner Wohnung umschaut, sieht sie in allen Variationen, als Mädchen, als reife Frau, in Front und im Profil. Immer wieder Romy. Burkhard weiß alles, was öffentlich zugänglich ist über dieses schwierige Leben. Er hat sogar einmal ihre Mutter besucht. Doch davon möchte er

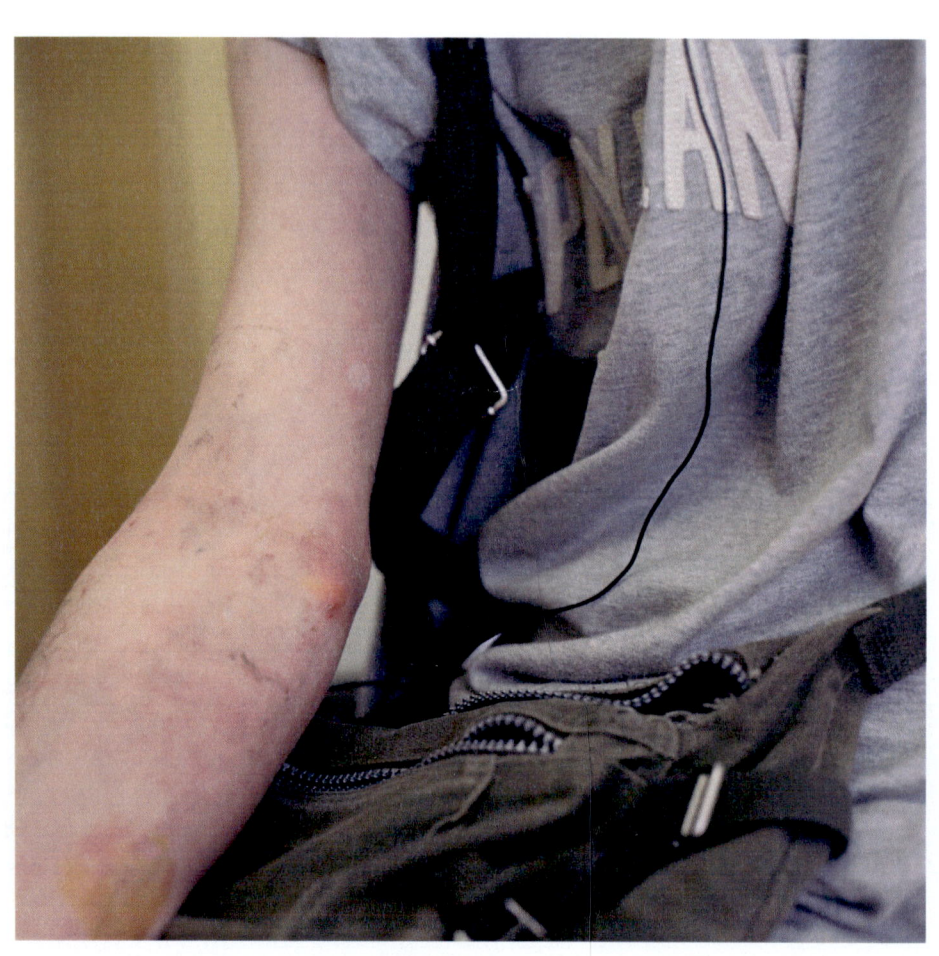

jetzt nicht erzählen. Ihn interessiert nicht so sehr die Kindfrau in der Sissi-Rolle, mehr die verletzliche Frau, die den Deutschen den Spiegel ihrer Vergangenheit vorhält und die sie dafür gehasst haben. Das ergreift ihn, wenn er wieder einmal in eine der vielen Biografien über Romy schaut, die neben den Jesusbüchern stehen.

Burkhard wurde 1955 in Dortmund geboren. Seine Mutter war erst 15 Jahre, der Erzeuger 16 Jahre alt. Sie durften als Minderjährige nicht heiraten, galten als verstoßen, quälten sich mühsam durch ihr junges Leben mit Kind. Die Mutter war unglücklich, nahm ständig Schmerzmittel, meist Thomapyrin, eins zwei, viele und suchte so, den widrigen Alltag zu bewältigen. Einmal machte sie, wie das Kind später erst richtig verstand, einen Selbstmordversuch, wurde aber zum Glück von der Nachbarin entdeckt und gerettet. Burkhard interessierte sich früh für die Pillen seiner Mutter, fing an sie auszuprobieren, fand Gefallen an der Wirkung, nahm eine, nahm immer mehr, konnte sich ein Leben ohne diese Tabletten gar nicht mehr vorstellen. Schleichend glitt er in die Abhängigkeit von einem Stoff, der seine Laune aufhellte.

Er hat seine Mutter auch nie fragen können, warum sie sich das Leben nehmen wollte.

Solche Dinge, sagt er, wurden damals totgeschwiegen. Burkhard ging ohne Probleme zur Schule, machte seinen Abschluss und lernte bei Porst das Fotografieren. Es machte ihm Spaß, er qualifizierte sich, machte ständig Überstunden, viel Nachtarbeit, verdiente gutes Geld. Er war ein zartes Kind, kam, wie er sagte, erst spät in die Pubertät. Nach der Lehre musste er zur Bundeswehr. Auch dort nutzten sie seine Begabung für das Fotografieren, ließen ihn in seinem Metier arbeiten. In dieser Männerwelt entdeckte Burkhard auch seine homoerotischen Neigungen, verliebte sich in einen Mann. Darüber will er jetzt nicht weiter sprechen, weil die Beziehung tragisch endete.

Die Eltern hatten anfangs, als der Sohn geboren wurde, gar nichts, kein Tisch, kein Stuhl, kein Bett. Deshalb haben sie viel gearbeitet, wollten sich verbessern und eine Existenz aufbauen. Der Vater war immer dafür, noch ein Kind zu kriegen. Mit Burkhard, so hat er immer gesagt, kann ich nichts anfangen. Mit dem kann ich nicht reden. Das war wenigstens ehrlich, sagt Burkhard heute, obwohl es damals verletzend war. Die Mutter wollte kein Kind mehr, aber sie wurde noch einmal schwanger. Da ging er noch zur Schule, ist mit Lederkluft Motorrad gefahren, schwärmte für Peter Krauss und Conny Froboes. Als er 18 Jahre war, bekam er noch einen Bruder, den er praktisch großgezogen hat. Heute arbeitet der bei einer Bank und sie haben keinen Kontakt mehr. Die nächsten Jahre waren von Arbeit und Ausfällen durch intensiven Drogenkonsum gekennzeichnet. Eine Zeitlang gehörte ihm sogar eine Eigentumswohnung, weil er reichlich Geld verdient hatte. Die Krankheitszeiten nahmen aber zu, bald konnte er gar nicht mehr arbeiten. Er nahm am Methadon-Programm teil, wollte aber auf Beikonsum nicht verzichten, spritze Heroin, bekam häufig Spritzenabszesse, die nur mühsam heilten. Es war ein Leben immer kurz vor dem goldenen Schuss, häufig wurde er im Notarztwagen in letzter Minute gerettet, kam wieder in den Drogenalltag zurück. Wegen verschiedener Delikte musste Burkhard auch in den Knast, ging in den Entzug und fand, als er diesen vorzeitig abbrach, einen verständnisvollen Staatsanwalt, der ihn nicht wieder zurück in die Zelle schickte. Im Knast hat er viel geschrieben. Sein Lebensbericht ist schon fast 800 Seiten stark und wächst immer weiter. Die Wärter wurden ganz unruhig, wenn sie sahen, dass er über die Verhältnisse dort schrieb, dass er festhielt, was an Sauereien passierte.

Im Ganzen ist es ihm selbst im Knast erträglich gegangen.

Sie behandelten ihn, vielleicht wegen des Schreibens, mit Respekt. Außerdem ist er ein Fuchs beim Tavlar-Spiel, was ihm zusätzliche Anerkennung brachte. Es gibt nur wenige, die je gegen ihn gewonnen haben. 1996 starb seine Mutter. Sie lag auf der Intensivstation im Krankenhaus. Er besuchte sie jeden Abend, sein Vater, dem er nicht begegnen wollte, kam morgens. Eines Nachts war er wieder lange Stunden bei ihr gewesen. Da bat sie um eine Jacke, weil es ihr in dem eher überheizten Raum kalt war, wollte, dass der Sohn ihr die Tasche brächte und das Geld heraus nähme. Er wollte nicht, aber sie drängte ihn. Sie bat auch, dass er noch etwas bliebe und so verpasste er die letzte Bahn. Aber das war egal. Er ging zu Fuß heim. Wenige Stunden nach seinem Weggang starb die Mutter. Eine Welt brach ihm zusammen. Heute bereut er, dass er nicht bis zuletzt bei ihr geblieben ist. Die Beerdigung erlebte er als schrecklich, besonders, dass Erde auf den Sarg geworfen wird. Ihm gefällt die Tradition in Italien mehr, wo eine Marmorplatte mit einem schönen Foto das Grab schmückt. Hier immer nur Dreck, eben Erde. Das stößt ihn ab. Die Jahre nach dem Tod der Mutter möchte Burkhard nicht noch einmal erleben. Es war eine furchtbare Zeit und er war sehr krank, teilweise an der Grenze zum Tod. Er berichtet von einer Nahtoderfahrung, als er nur noch Licht sah und einen Sog, noch näher an das helle Licht heran zu kommen, so eine intensive Strahlung war es und er hatte gleichzeitig das Gefühl, wenn er da weiter geht, dann ist für immer Schluss. Er ist nicht weiter gegangen. Inzwischen weiß er, dass es in allen Kulturen, ob Indien, Australien, Amerika so erzählt wird. Das muss einem doch zu denken geben, meint Burkhard und hält dies für ein sicheres Indiz, dass seine Erfahrung real war.

Seiner Mutter hatte er versprochen, clean zu werden, aber es hat noch eine Zeit gebraucht, bis er das schaffte.

Es war ein mühsamer Weg. Heute kann er im Drogencafé KICK sitzen, eine Cola trinken und alle fragen, wie, gehst du nicht in den Druckraum, brauchst du nichts? und er kann ganz gelassen sagen: Nein, ich brauche nichts. Ein Medikament kriegt er regelmäßig in der Praxis und das reicht, um der inneren Unruhe Herr zu werden. Aufgrund der verschiedenen schweren Krankheiten kann er sich nur mühsam konzentrieren. Seit über einem Jahr hat Burkhard eine neue Wohnung im Klinikviertel, die er liebevoll eingerichtet hat. Auf den riesigen Fernseher mit Flachbildschirm hat er lange gespart. Er ist stolz, dass er das geschafft hat. Nicht zuletzt hat der Arzt ihm geholfen, diesen Sparkurs durchzuhalten, wie überhaupt seit der Gründung der Obdachlosenpraxis der Arzt Klaus Harbig für ihn eine bedeutende Rolle spielt. Immer wieder hat er ihn aus schwierigsten Situationen herausgeholt, ihm Mut zugesprochen, ihn medizinisch und menschlich betreut. Das, sagt Burkhard, ist sein größtes Verdienst. Dass es ihm heute so gut geht, ist vor allem Doc Klaus geschuldet. Er hat zwar inzwischen auch einen offiziellen Betreuer, aber nur widerwillig und oft ist er sauer auf ihn, hat kein Vertrauen. Betreuer gehören abgeschafft, sagt Burkhard heftig. Die taugen alle nichts. Im Gast-Haus mag er nicht mehr so gern sein. Lieber frühstückt er Zuhause in Ruhe mit frischen Brötchen und gutem Kaffee.

Sein jetziger Lebensgefährte sitzt bis Mai 2010 im Knast. Ihn besucht er regelmäßig. Das Verhältnis ist ausgesprochen schwierig. Tim (nennen wir ihn so), hat lange um ihn geworben, Burkhard hat immer wieder abgelehnt, enger mit ihm zusammen zu sein. Er ist auch viel jünger und Burkhard wollte sich nicht auf ihn einlassen. Aber irgendwann hat Tim etwas so Schönes gesagt, zwei, drei Sätze, die nicht einfach so daher gesagt waren, dass es ihn überzeugt hat. Seitdem sind sie zusammen. Später gab es eine üble Affäre aus Eifersucht. Da klingelte es bei Burkhard, er machte ahnungslos die Tür auf, zwei Kumpel standen dort, schlugen und quälten ihn, raubten ihn aus. Er war gedemütigt und schwer verletzt. Im Krankenhaus konnte er nicht mehr bei geschlossener Tür leben. Jeden Moment, so fürchtete er, kämen erneut Schläger, um ihn zu malträtieren. Es ging um Zeugenaussagen und Erpressungen. Eine schreckliche Zeit. Tim hat ihm viel Leid und Schmerzen angetan, ihn mit Domestos übergossen, ihn geschlagen und geknebelt, ihn Tage lang gefesselt, gegen den Schrank gestoßen. aber er liebt ihn weiterhin und der Knast, so sagt Burkhard, hat Tim total verändert. Er schreibt ihm wunderschöne Briefe und Burkhard ist überzeugt, dass er mit ihm nach der Entlassung eine gute Zeit verbringen, vielleicht sogar eine offizielle Bindung eingehen wird. Man muss, sagt er, auch daran glauben, dass sich Menschen verändern können. Er ist ein einsamer Mensch, hat nicht viele Freunde und Kontakte. Jedenfalls ist er guten Muts, dass die Beziehung trägt, auch über die Phase hinweg, in der Tim nicht mehr schwach ist und keine Hilfe von ihm braucht.

Der Doc weiß am meisten über mich, mehr als meine Mutter und die ist tot, sagt Burkhard über sein Leben.

Er hört viel Musik, schafft sich CDs an, hat einen tragbaren Player mit Ohrstöpseln. Mit dem sitzt er morgens oft vor der Praxis, ganz in sich versunken, bis die Tür sich für die Patienten öffnet. Zurzeit sind die Songs von Madonna die bevorzugte Musik, davor waren es Rosenstolz oder Marianne Rosenberger und viele andere. Er greift gern bei Sonderangeboten zu und sagt, dass er sich das gönnt, gute Musik zu haben. Auf einem Schränkchen stehen die CDs in Reihe, immer griffbereit.

Wichtig ist ihm auch, gut gekleidet zu sein, alles ordentlich zu halten. Die Hosen und Shirts sucht er sich zwar im Billigkaufhaus, achtet aber auf guten Schnitt, möchte ansprechend aussehen, nicht als Penner gelten.

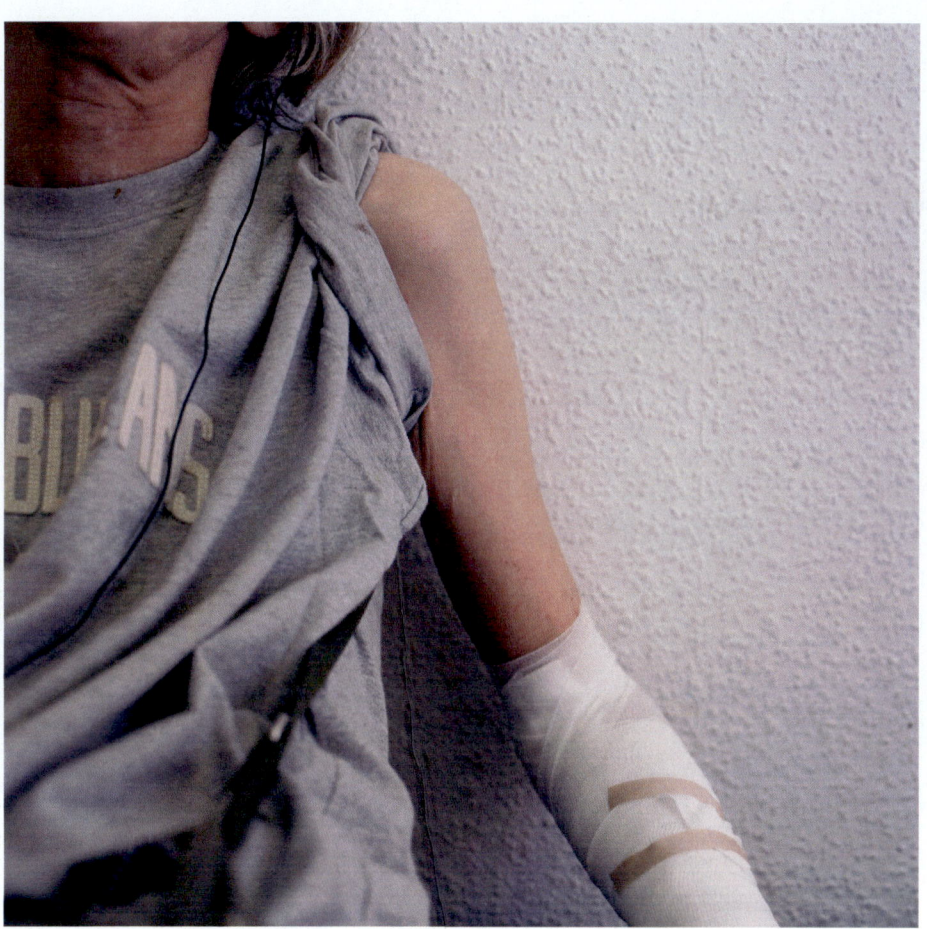

Ulrich

Get Up, Stand Up- das berühmte Lied von Bob Marley geht Ulrich nicht aus dem Kopf. Um das Handgelenk hat er das kleine rot/gelb/grüne Bändchen der Rasterfari-Bewegung gebunden. Manchmal trägt er ein T-Shirt mit dem Portrait von Bob Marley, seinem Idol, seine Haare hat er zu Rasterlocken gedreht. Wenn er das nötige Kleingeld hätte, würde er nur Musik machen, die Lieder von Marley üben, die er, wie er sagt, schon gut kann. Aber man muss immer weiter üben, sonst wird es nichts. Das sind so seine Träume für die Zukunft.

Bob Marleys Botschaft verbreiten, obwohl wir hier nicht in der Dritten Welt leben.

Aber manchmal komme es ihm in der Nordstadt schon vor wie in einem Armengetto.
Geboren wurde Ulrich 1970 in Dortmund als Jüngster von drei Kindern. Der Älteste lebt schon lange in Florida, der Kontakt zur Schwester ist durch eine blöde

Sache abgebrochen. Das würde er gern wieder aus der Welt schaffen.

Aufgewachsen in Unna-Königsborn, ging Ulrich dort zur Schule, machte die mittlere Reife und begann eine Lehre im Verteilzentrum bei Karstadt, wollte Handelsfachpacker werden. Die Lehre hat er abgebrochen. Dafür gibt es viele Gründe, sagt er. Der Vater starb, die erste große Liebe hat Schluss gemacht. Sehr bald begann sein großer Absturz. Er nahm harte Drogen, fühlte sich in einer Clique heimisch, die ihm alle anderen Kontakte ersetzte. Dort war es ganz normal, Drogen zu nehmen, mit Spritzen und allem, was dazu gehört. Er war Anfang zwanzig und es war ihm alles scheißegal. Zuerst war die Wirkung gar nicht so toll, aber man gewöhnte sich dran. Beschafft hat er die Drogen mit Geld, was seine Mutter ihm zusteckte oder kleinen Jobs und ansonsten brachte er immer alles, was er hatte, ins Pfandhaus. Computer waren damals noch etwas Wertvolles. So konnte er schnell an Geld kommen. Er lebte so dahin, konsumierte mal mehr, mal weniger.

Nach dem Tod der Mutter im Jahr 2003 kam er wieder auf die Füße. Ihr hatte er versprochen, mit den Drogen aufzuhören. Seine Mutter, die an Lungenkrebs starb, hatte noch dafür gesorgt, dass er ins Methadon-Programm kam. Das hat sich für ihn bewährt. Jetzt bekommt er einen etwas anderen Stoff und ist seit Jahren frei von Beikonsum. Ab und zu raucht er ein Pfeifchen. Marihuana. Das kann so schlimm doch nicht sein, sagt er. Durch Bob Marley hat die Welt schließlich gemerkt, dass Marihuana-Konsum nichts Negatives ist. Alkohol ist viel schädlicher als ein Joint, sagt Ulrich. Gras ist für ihn immerganz okay. Früher hat er gespritzt, aber das gehört einer anderen Zeit an. Das ist vorbei. Es war schon damals so, dass er immer Einbrüche hatte, mal mehr, mal weniger brauchte oder wollte. Er war die Jahre nie an einem Streifen abhängig. Und vor allem, betont er, ist er nie kriminell geworden. Vielleicht kam er deshalb auch ganz gut wieder raus. Die Drogenzeit ist nun endgültig vorbei. Das Wichtigste ist für ihn der Reggae, vor allem Bob Marley. Ein Kollege aus der Berufsschule hatte ihn damit bekannt gemacht und er hat sich intensiv damit beschäftigt.

Das ist nicht nur einfach Musik, das hat auch eine message, eine Botschaft, die ist ganz wichtig.

Es geht um die Leidenden aus dem Getto und ihre Befreiung. Deutschland ist zwar die erste Welt, aber wo er gewohnt hat, das ist teilweise wie Dritte Welt. Da will er raus. Die alte Wohnung ist gekündigt. Es hat viel Ärger gegeben. Zuletzt war er drei Monate in der Psychiatrie und hofft, dass der Priester ihm jetzt hilft, ganz schnell eine neue Wohnung zu finden. In der Psychiatrie war er nicht freiwillig. Es ist wohl eine Psychose, sagt er, und damals hat er ziemlich viel Mist gebaut, mit Leuten gestritten, den Fernseher aus dem Fenster geschmissen. Er konnte einfach nicht mehr. Vielleicht hat das mit vielen schlechten Erfahrungen in der Kindheit zu tun. Der Vater trank, schmiss alles rum, machte alles kaputt, auch die Dinge, die Ulrich gern hatte und die ihm wichtig waren wie vor allem sein Computer und seine Spielkonsolen. Viel Ärger und Stress gab es in Verbindung mit Alkohol und Tabletten in der Familie. Oft ging die ganze Wohnungseinrichtung zu Bruch. Der Vater versuchte zwar, Neues zu kaufen, aber meist reichte das Geld nicht und

Ulrich hatte das Nachsehen. Die Mutter hatte in der Zeit schon einen anderen Partner. Da konnte Ulrich nicht hin. So wurde er von einer Ecke in die andere geschubst und wusste nicht, wohin er wirklich gehört. Zurzeit bekommt Ulrich Grundsicherung, weil er wegen der psychischen Erkrankung nicht arbeiten kann. Das ist nicht viel und er muss sehr auf den Cent gucken. Davon kann sich niemand eingroßes Equipment kaufen. Ulrich hat mal Keyboard gespielt, aber das ist lange her. Jetzt würde er vor allem die Sachen von Bob Marley singen. Das kann er ganz gut, aber man muss viel üben, trainieren wie beim Sport. Vom Stiefvater hatte er gelernt, die Boxen richtig zu arrangieren und Musikanlagen öffentlich zu präsentieren. Mit ihm war er auch mal in einem Tonstudio, um das alles kennen zu lernen. Aber sie haben keinen Kontakt mehr. Im Grunde war er eine einzige Enttäuschung. Er hat ihm Sachen versprochen, aber nichts eingehalten. Nach dem Tod der Mutter wurde viel schmutzige Wäsche gewaschen. An ihn und sein Verhalten erinnert er sich ganz ungern.

Jetzt interessiert Ulrich vor allem die Musik. Er hat erfahren, dass es bei der Volkshochschule Kurse für Perkussion gibt. Das würde er gern machen. Zuerst aber steht an, eine neue Wohnung zu finden und die einzurichten. Die Grundlage muss erst einmal stimmen. Dann kann er noch viele andere Dinge in Angriff nehmen.

Es gab wirklich einschneidende Erlebnisse in den letzten Jahren, die Ulrich hinter sich lassen will. In Zukunft wird er sich auf seine Freunde und einige Leute im Gast-Haus stützen.

Ulrich sagt: Ich bin froh, dass es die Einrichtung Gast-Haus gibt. Besonders wichtig ist mir Doc Klaus. Er hat mich wieder aufgerichtet, mich begleitet, auf ihn ist Verlass. Dank seiner Beratung geht es mir wieder besser.

In der Klinik ist er mit den Ärzten nicht so gut klargekommen. Die machten ihm immer gleich den Vorwurf, dass er Haschisch raucht und das nicht gut für ihn ist. Aber andererseits dröhnen sie ihn dann voll mit Medikamenten. Das kann doch nicht die Lösung sein. Gut verstanden hat er sich mit einigen Pflegern. Die waren okay. Da er mal angefangen hatte Pfleger zu lernen, gab es mit ihnen meist eine Beziehung. Damals hatte er gelernt, bei den medizinischen Sachen ein bisschen besser durchzublicken. Das hat ihm in der Klinik geholfen. Er will verstehen, was mit ihm los ist.

Ins Gast-Haus geht er seit dem Tod der Mutter. Die hatte ihn früher immer bekocht und ihn versorgt.

Das war dann vorbei und so musste er sehen, wie er zurechtkam. Hungern muss er nicht. Er kennt auch noch andere Möglichkeiten zum Essen, geht zu Kana oder zur Heilsarmee. 2003 fing auch die Praxis im Gast-Haus gerade an. Er war wahrscheinlich einer der ersten Patienten. Lobend möchte er erwähnen, dass Doc Klaus ihn vorm Knast gerettet hat. Er hat ihm Geld geliehen, was er wegen Schwarzfahrens zahlen musste und das zahlt er jetzt nach und nach zurück. Das war wirklich super!! Ulrich wüsste niemanden sonst, der das für ihn gemacht hätte.

Meist sitzt er zu Hause vorm Computer, spielt, hört Musik. Internetzugang hat er noch nicht. Sein Tag ist nicht so gut strukturiert und manchmal etwas langweilig. Deshalb geht er gern ins Gast-Haus. Das letzte

Sommerfest war ganz toll. Auch Fußballspiele hat er beim Public viewing gesehen, aber nun reicht es ihm erst einmal mit Fußball.

Gefragt nach Wünschen und Träumen, sagt Ulrich, er wäre so gern mit seiner Mutter zusammen nach Florida zu seinem Bruder gefahren. Aber dann ist der Tod der Mutter dazwischen gekommen und es wird nie mehr dazukommen. Sie war so tapfer, hat sich nie beschwert, nie gejammert, war immer total nett. Manchmal denkt er, warum liege ich jetzt nicht da wo sie liegt.

Als Junge wollte Ulrich Tierarzt werden, hatte Hunde und Vögel.Die Vögel hat sein Vater fliegen lassen. Da war es aus mit ihnen und Ulrich blieb traurig zurück. Der Hund wurde krank, den anderen hat der Betreuer ins Tierheim gegeben. Der mochte keine Hunde, war ein richtiges Arschloch, sagt Ulrich. Bei Gericht hat er es geschafft, den Betreuer loszuwerden. Darüber ist er sehr froh.

Er kommt jetzt allein zurecht und teilt sich sein Geld ein, obwohl das nicht immer leicht ist. Aber, so Ulrich, wenn man sein Suchtproblem gelöst hat, schafft man es auch, selbstständig zu leben.

Die neue Wohnung ist jetzt das Nahziel. Die richtig einzurichten, einen vernünftigen Schrank, ein gutes Bett, das steht im Moment im Vordergrund.

Wichtig wäre auch, den Kontakt mit der Schwester wiederhinzukriegen. Nach längerem Nachdenken hat er eine Idee. Er schreibt einen Brief mit seiner Telefonnummer und legt den aufs Grab der Mutter, das sie regelmäßig pflegt. Sie wird den Brief dort finden. Dann kann sie entscheiden, ob sie den Kontakt wieder aufnehmen will. Wir sind uns einig, dass das eine sehr gute Idee ist, denn sonst ist er schließlich ganz allein.

Brigitte

Beerdigung auf dem Osten-Friedhof. Rolf wird zu Grabe getragen. Alles, was Beine hat, ist in die Franziskanerkirche gekommen, wo es immer donnerstags kostenloses Frühstück gibt und heute auch noch eine Beerdigung.

Sie, die Lebensgefährtin, hat sich extra fein gemacht, weiße Bluse, schwarze Hose, neue Frisur. Sie will ihrem Rolf einen würdigen Abschied geben, kennt sich aus mit der Sache, hat schon andere Lebensgefährten bis zum Schluss begleitet, ihre Trauer ausgelebt. Der Priester vom Gast-Haus, Ansgar, leitet die Zeremonie. Er erzählt, wie er Rolf einmal vom Knast abholte, um ihn, wie er ganz selbstverständlich annahm, nach Hause zu fahren. Aber Rolf wollte nicht in sein Zimmer. Sein Ziel war der Sonnenplatz, dicht bei der Möllerbrücke, wo sich seine Kumpel trafen. Da war Rolf mehr Zuhause als in seiner armseligen Bleibe im Norden. Dort begrüßte man ihn herzlich, die Flasche kreiste, man ließ ihn hochleben, plauderte. Hier saß auch Brigitte, mit Witz und Wehmut nahm sie ihn in die Arme, freute sich, dass er endlich wieder da war. Man rauchte, man trank, harmlose Freuden eines Milieus, das ehrbare Bürger Saufgemeinschaft nennen, Gesocks! schimpfen, das störend ist, das verjagt gehört vom Platz.

Der Platz an der Sonne, denken dort einige, gehört doch den Anständigen, den Braven, den ordentlichen Bürgern.

So ziehen sie weiter, wo sie geduldet werden, wo sie sich unterhalten, rauchen, trinken können. Manchmal auch mehr als sie vertragen. Einige werden aggressiv, andere müde, wenn es mal wieder zuviel geworden ist. So auch Brigitte. Sie verträgt nicht die Mengen, die die Männer um sie herum in sich hineinschütten, will ihren Rolf auch mal für sich, drängt, nach Hause zu gehen. Nach Hause, das ist eine sehr bescheidene Unterkunft, bezahlt von der Arge. Hartz IV bekommen sie alle, Arbeit gibt es für sie nicht im Dortmund des Strukturwandels, mal ein Eineurojob, den sie verfluchen, mal ein Beratungstermin bei der Behörde. So recht will es bei allen nicht anders werden. Sie stecken fest im Kreislauf von Krankheit, Suff, vielleicht auch Drogen und vergeblichen Bewerbungen irgendwo bei einem Billigjob, in der ständigen Jagd nach günstigen Einkaufsmöglichkeiten, Schnäppchen, Gelegenheiten zu kostenlosem Essen und den drängenden Schulden, weil es mal wieder nicht reichte, der Monat einfach zu lang war für 359 €.
Brigitte wurde im Norden der Republik geboren, dicht bei Cuxhaven, 1955. Aufgewachsen in ärmlichen Verhältnissen, mit einem älteren und einem jüngeren Bruder. Die Eltern waren beide Trinker. Das Mädchen

musste den Schnaps holen, manchmal noch abends spät. Einmal wollte sie nicht, verletzte sich absichtlich, blutete, wurde beschimpft, und musste doch los, den Stoff besorgen. Da gab es kein Pardon. Die Mutter starb mit nur 42 Jahren. Da war sie erst 14 Jahre alt. Am Straßenrand lag sie, vom Alkohol umgehauen, wurde erfroren aufgefunden. Der Arzt meinte, das Mädchen solle sie nicht noch mal sehen, sie lieber wie früher in der Erinnerung behalten.

Die Oma, Vaters Mutter, übernahm das Regiment. Sie schlug Brigitte und war sehr launisch. Das Mädchen ging auf die Sonderschule, lernte nicht gern. Niemand hat es ihr schmackhaft gemacht, obwohl sie noch heute die Welt mit wachen und neugierigen Augen ansieht und vieles begreifen will.

Ihr Vater, eine Zeitlang ohne Frau, nahm sich die Tochter, vergewaltigte sie, Brigitte wurde schwanger, fand einen Arzt, der die Frucht abtrieb. Eine entsetzliche Erinnerung. Mit ihrem Vater war sie fertig. Wenig später nahm der sich eine neue Frau, zog aus. Sie blieb bei der schlagenden Großmutter, zusammen mit den Brüdern. Mit 15 Jahren kam sie für ein Jahr auf eine Haushaltsschule. Danach fand sie mal hier, mal dort Arbeit. Doch die Oma war streng, sie durfte nichts, keine Disko, kein Männerkontakt, nur Schläge. Besonders der älteste Bruder half ihr, so gut er konnte.

Sie hatte genug von diesem Leben, wollte nur noch weg.

So lernte sie einen Typen kennen, der aus Dortmund stammte. Zu ihm wollte sie, versuchte, irgendwie per Anhalter mitgenommen zu werden. Beim zweiten Anlauf klappte es. In Dortmund angekommen, erfuhr sie, dass der Mann schon eine andere hatte. Brigitte stand allein in einer unbekannten Welt. Geld hatte sie keins. Sie suchte sich Stellen, wo man umsonst etwas zu essen bekam, klopfte bei der Bahnhofsmission an, ging in Kneipen nach Arbeit fragen, schlief im Frauenhaus. Dort gefiel es ihr gar nicht. Die strenge Ordnung, das Geschrei der Frauen und Kinder. Ein Wirt in der Dortmunder Nordstadt hatte ein Herz für sie, gab ihr etwas zu essen und Geld, spendierte ab und zu eine Cola. Durch ihn lernte sie später auch Rolf kennen. Da hatte sie Arbeit in Lünen bei einer Reinigungsfirma gefunden. Sie schuftete schwer, manchmal 18 Stunden hinter- einander, wenn die großen Veranstaltungen in den Westfalenhallen stattfanden. Dann kam überraschend die Kündigung, Brigitte wusste nicht so recht weshalb. Das Arbeitsamt ließ sie einen EDV-Kurs machen, aber das half auch nicht. Sie wurde dauerhaft arbeitslos und kränkelte, bekam Zucker.

Von Rolf erzählt sie nur Gutes. Er war ein freundlicher Mensch, anschmiegsam und meist guter Laune. Mit ihm zog sie zusammen. Oft trafen sie sich mit anderen, die auch gern einen tranken und zusammen redeten. Immer war das Geld knapp, immer trank einer zuviel, wurde laut.

Brigitte macht der Alkohol müde, nie aggressiv.

So war es auch bei Rolf. Er wurde immer kränker. Brigitte kümmerte sich, holte für ihn die Medikamente aus der Praxis, bekam frische Wäsche mit, bat den Arzt um einen Hausbesuch, wenn es zu schlimm wurde. Als Rolf starb war sie gerade selbst im Krankenhaus. So konnte sie ihn nicht noch einmal sehen. Sie hat sehr um ihn getrauert, er fehlte ihr. Im Gast-Haus fand sie Trost, besonders von den Pfarrern. Die halfen ihr über die ersten Wochen hinweg. Zu denen geht sie überhaupt gern, auch in die Gottesdienste und Bibelstunden im Gast-Haus. Das gefällt ihr, das bringt ihr etwas. Voll des Lobes ist sie auch sonst über das Gast-Haus.

Da wirst du versorgt, betüttelt, lernst nette Menschen kennen, hörst Geschichten.

Das, sagt sie, ist genau nach meinem Geschmack.
Ihre jetzige Wohnung ist noch nicht ganz fertig eingerichtet, aber die beste, die sie bisher hatte. Eine gute Bekannte aus dem Gast-Haus wohnt im gleichen Haus. Die ermuntert sie, Sport zu machen. Es wäre schon gut, ein paar Pfunde los zu werden.
Deshalb macht Brigitte für sich und ihren neuen Nachbarn jeden Abend eine Rohkostplatte. Die essen sie dann zum Abendbrot und sie versucht, nicht mehr so viel zu trinken. Gute Vorsätze, denn sie ist Diabetikerin und weiß, sie muss in ihrem Leben etwas ändern, sonst geht es mit ihrer Gesundheit immer weiter bergab. Zurzeit wird bei der Arge geprüft, ob sie noch arbeitsfähig ist. Gegen eine leichte Teilzeitbeschäftigung hätte sie nichts einzuwenden, denn manchmal ist es auch langweilig und der Tag will nicht enden.

Ihre Wünsche richten sich vor allem auf die neue Wohnung. Die schön einzurichten, endlich den Wasserkran für die Küche zu haben, die vielen kleinen Dinge zu regeln, das möchte sie gern und, ein größerer Wunsch, mal wieder in ihre alte Heimat fahren, die Luft im Norden schnuppern. Das wäre schön. Aber dazu fehlt bisher das Geld. Vielleicht kann sie mal ihren großen

Bruder besuchen. Mit dem telefoniert sie ab und zu. Er ist der einzige, der ihr von der Familie geblieben ist.

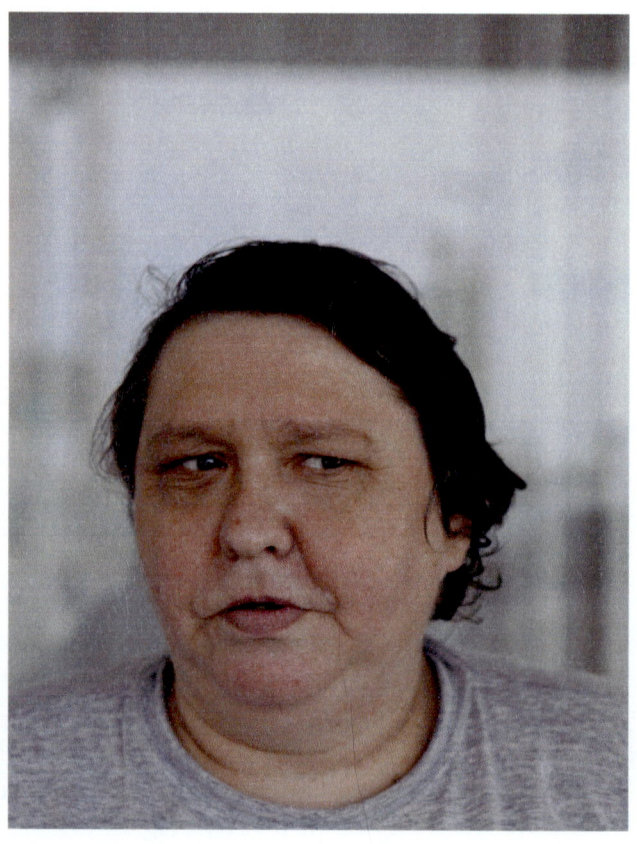

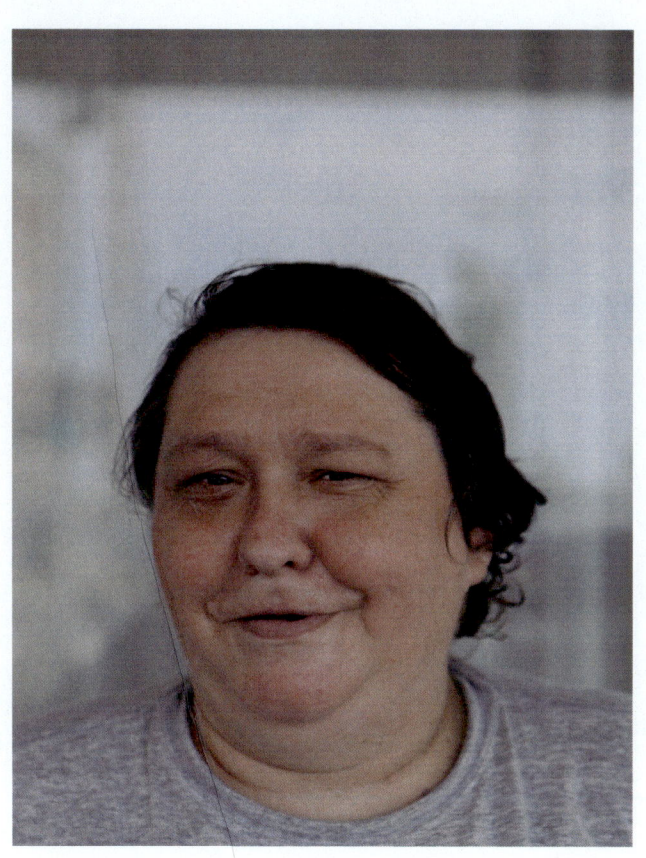

Ernst

Immer als Erster, auf Krücken gestützt, stand er vor der Tür zur Praxis. Ernst. Mit seinen Beinen hatte er riesige Probleme. Sie waren offen, wollten sich trotz dreimaliger Behandlung die Woche nicht schließen. Also, zuerst Fußbad in lila Wasser, mit Läppchen an den wunden Stellen, dann Salbe, Verband, frische Strümpfe.

Ernst hat Schuhgröße 47- 48, keine Größe, die in normalen Schnäppchenpackungen zu haben ist.

Man muss sie suchen und hat selten Erfolg. Die Schuhe müssen möglichst leicht zu schließen sein, am besten hinten mit Reiß- oder Klettverschluss. Während die Beine versorgt werden, erzählt Ernst aus seinem Leben, das vor 76 Jahren in Pommern begann. Er arbeitete auf dem Bau, im Straßenbau, überall, wo es anzupacken galt. Seit mehr als 35 Jahren lebt er auf der Platte, weigerte sich heftig, eine kleine Wohnung zu beziehen, obwohl das im Gast-Haus möglich gewesen wäre. Das sind doch alles Bodenspekulanten, grantelt er dann vor sich hin, will sich nicht festlegen. Wo er seine Nächte verbrachte? Na ja, er hat durch seine Behinderung einen kostenlosen Fahrausweis, fährt die halbe Nacht mit der S-Bahn hin und her, am Bahnhof kennt man ihn schon lange, belästigt ihn nicht mehr. Den Rest der Nacht verbringt er auf einer Bank oder am Eingang zur U-Bahn. Ernst hat nie getrunken. Deshalb ist er auch noch so klar im Kopf, hat ein gutes Gedächtnis. Einmal sah ich ihn an der U-Bahnhaltstelle Hauptbahnhof auf einem von diesen Plastiksitzen in sich zusammen gesunken schlafen, brachte ihm einen Kaffee, mit Milch und Zucker, weckte ihn damit, sagte: Ernst, mögen Sie einen Kaffee? Ja, danke, gern, sagte er. Und Sie sind die Autorin, nicht wahr? Ich habe Ihr Bild in der Zeitung gesehen. Ich konnte nur staunen. Noch im Aufwachen war er voll orientiert und gleich gesprächig, erzählte, dass es irgendwann nicht mehr gegangen sei mit den Nächten unterwegs. Jetzt wäre er im Altenheim ›Zum guten Hirten‹, aber nicht gern, das wollte er betonen. Diese Ordnung dort, das sei nicht seine Sache. Über Tag, wann immer er kann, haut er ab, zieht los wie früher, zur Brunnenstraße U-Bahnhaltstelle, oder sonst in die Nordstadt, wo er seine Kollegen weiß, manchmal auch an die Kampstraße, wo es Bänke gibt. Er redet mit Bekannten oder sinniert vor sich hin, beobachtet die Menschen. Wenn er das tun kann, ist er mit der Welt im Reinen.

David

Unehelich nannte man das damals, als David im Mai 1954 in München geboren wurde. Die Mutter war Floristin, der Vater Diplom-Ingenieur. Später heirateten die beiden und er wurde für ehelich erklärt. Von drei Jungen war er der Älteste, wuchs in einem Dorf in den Voralpen auf. Die Eltern hatten wenig Zeit für ihn. Die Mutter wurde immer wieder gerufen, um Gestecke und Kränze zu machen. Er lebte bei der Großmutter. Eine Rolle spielte auch der Onkel, ein Bruder des Vaters, der ihn oft und heftig schlug, ein fieser Kerl war, sozusagen sein Kindheitstrauma. Zum Vater, der herrisch daher kam und immer den Chef herauskehrte, hatte er eine etwas problematische Beziehung. Seine Art provozierte Davids rebellische Haltung. Geschlagen hat er ihn nicht, war aber streng und lieblos. Der Onkel wohnte in der Nähe und wenn es mit dem Kusin Ärger beim Spielen gab, schlug der Onkel heftig zu. Irgendwann wurde das bemerkt und sogar mit Anzeige gedroht. Da hatte der Schrecken ein Ende. Doch der Vater hätte von sich aus nie etwas dagegen unternommen. So hat sich seine rebellische Haltung verstärkt. Nach der Grundschule kam David auf Gymnasium und blieb dort bis zur Mittleren Reife.

Wahrscheinlich hätte er auch das Abitur geschafft, aber er wollte nicht, auch, weil es den Vater ärgerte, dass er abging.

In Geschichte, Englisch und Deutsch war er gut, Mathematik lag ihm nicht so.

Mit 14 Jahren fing David mit Haschischrauchen an. Nach dem Schulabschluss zog er von zu Hause aus und in eine WG nach München. Er war knapp 18 Jahre, aber der Vater hat ihn nicht zurückgeholt. Es war die Zeit der Hippies und der Flower power und er wollte mit den Freunden das Leben genießen. Es war, so sagt er heute, eine sehr schöne Zeit. Er trug lange Haare, die Verwandten wollten mit ihm nichts zu tun haben, wechselten die Straßenseite, wenn sie ihn von weitem sahen. Vielleicht waren die Eltern auch deshalb froh, dass er weg war und ihnen am Ort keine Schande mehr machte. Wovon der lebte? Er hat sich selbständig gemacht, Konzerte arrangiert, quasi als Agent und Manager gearbeitet, manchmal auch ein bisschen Hasch verkauft, mal hier, mal dort etwas bekommen. Auch vom Großvater, der großzügig war. Irgendwann wurde er jedoch wegen Dealens erwischt und bekam Ärger mit den Behörden. Sein Vater hat ihm geholfen, einen guten Anwalt zu finden und zu bezahlen. Damals hat die Familie ihn unterstützt und ihm auch Geld zugesteckt. Besonders hat ihm geholfen, dass er nach einem Buch Yoga praktizierte, um mit unangenehmen Situationen besser fertig zu werden.

Durch Vermittlung seiner Familie bekam er einen Job,

rutschte jedoch rasch wieder ins alte Fahrwasser zurück. In Murnau verliebte er sich in eine schöne Italienerin, eine Jüdin aus Padua, die heroinsüchtig war und von ihren Eltern zum Arbeiten nach Deutschland geschickt worden war. Als er sie kennen lernte, stand sie auf einer Brücke und verkaufte zusammen mit ihrer Freundin Eis. Am Revers ein Cannabis-Zeichen. Das hat ihm Mut gemacht sie anzusprechen. Sieben Jahre war er mit ihr zusammen. Sie sind in eine gemeinsame Wohnung gezogen, sie hat ihre Arbeit aufgegeben und zusammen haben sie harte Drogen konsumiert. anfangs geschnupft, später gespritzt. Die Wirkung war überwältigend. Er hatte keinen Appetit mehr, sagt, man kann gar nichts Schweres mehr essen, nur ganz leichte Kost und braucht auch nicht viel. Man nimmt sehr stark ab, ist nur noch auf den Nachschub orientiert.

1986 lag seine Mutter im Sterben. Sie war voller Sorge um ihn und er hat ihr versprochen zu versuchen, keine Drogen mehr zu nehmen. Und das hat er auch realisiert. Er hat einen Entzug und eine Therapie gemacht und das hat gut geklappt. Nach der Therapie ist er aus der Gegend weg, wo er die Leute kannte und nach Niederbayern gezogen, hat sich dort Arbeit gesucht. Das ging vier Jahre gut und dann ging nichts mehr. Er wurde rückfällig und erneut erwischt. Da stand dann die Alternative. Knast oder Therapie? Er hat die Therapie gewählt, hat eine Umschulung als Lagerist mit Staplerschein gemacht.

Der Psychologe in der Therapie hat ihm schließlich geraten, weit wegzuziehen. Deshalb ist er nach Dortmund. Er wollte schon länger aus Bayern raus und da der Fußballverein in Dortmund ihm gut gefiel und Nordrhein Westfalen ihm politisch auch sympathi-

scher war als Bayern, zog er im Jahr 2000 ins Ruhr-
gebiet. Es gehe hier toleranter zu, sagt David und das
gefällt ihm. In der Entgiftung hat er viel gemalt. Die
Therapeutin war beeindruckt von seinem Talent und
hat ihn ermutigt, weiterzumachen. Seitdem ist Malen
für ihn wichtig. Mit Drogen hat er nichts mehr zu tun.
Ein Zimmer seiner Wohnung ist sein Malraum. Dort
hat er gutes Licht und kann eine Staffelei aufstellen.
Eine Ausbildung im Malen hat er nie bekommen. Aber
es gab mal eine Freundin, die Malerin war und ihm
einiges gezeigt hat. Ansonsten malt er so wie es ihm
einfällt, manchmal ganz viele Bilder hintereinander,
dann wieder lange Zeit gar nichts.

Er empfindet sich selbst als religiös, aber ganz anders
als die offizielle Kirche.

*Er hat sich intensiv mit der Bibel, besonders
mit dem alten Testament beschäftigt, vor
allem mit der Symbolsprache der Texte.*

Dazu hat er auch ein Bild entwickelt, das bei ihm an der
Wand hängt. Ihn interessiert der symbolische Anteil
an den Texten und nicht seine wörtliche Auslegung.
Ein jüdischer Freund hat ihm dazu viel erklärt hat und
er hat sogar mal überlegt, zum Judentum überzutre-
ten, hat es aber dann doch aufgegeben, weil die vielen
Regeln ihn abgestoßen haben. Außerdem gefällt ihm
das Liebesgebot Jesu und besonders die Bergpredigt.

Vom Gast-Haus hatte er gehört und war anfangs total
erstaunt, dass es alles umsonst gab. Als er zum ersten
Mal dort war, fragte er noch mal nach, ob er wirklich
nichts bezahlen muss. Er konnte es gar nicht fassen.
Aufgrund von Sozialstunden, die er ableisten musste,
eröffnete sich die Möglichkeit, im Gast-Haus regelmä-

ßig zu arbeiten. Das hat ihm gefallen. Die Arbeitstrukturiert jetzt sein Leben. Er lernt sympathische Menschen kennen, macht die Sache richtig gern und kann sich gar nicht mehr vorstellen, ohne das Gast-Haus zu leben.

Ansonsten lebt er von Hartz IV und das bedeutet natürlich Einschränkung. Kein Weggehen am Abend, immer aufs Geld gucken, keine Reisen mehr.

Früher ist er viel gereist, besonders in die Türkei und ans Mittelmeer.

Welche Wünsche gab es in seinem Leben?

David meint, in jedem Menschen gäbe es etwas Besonderes, Wunderbares und das gelte es zu entfalten. Das möchte er immer noch, kein kastrierter Mensch sein. Die Fülle der Anlagen entwickeln. Nicht nur beim Malen, sondern bei allen anderen Dingen auch.

Er hört gern Musik, hat CDs, Bücher, DVDs, alles sehr geordnet und ansprechend eingerichtet. An Musik schätzt er die Klassik, aber auch Rock und Irisch Folk. Hinter einer Glasscheibe sind Bücher aufgereiht, meist esoterische Texte. Er liest nicht immer Neues, sondern die Bücher, die er mag, immer wieder. Besonders schätzt er den Dichter Novalis, zitiert einen Vers, der ihm sehr wichtig und sein Lebensmotto ist:

Die Sternenwelt wird zerfließen

Zu güldenem Lebenswein

Wir werden sie genießen

Und lichte Sterne sein.

Mike

Vor Mikes Tür im Dortmunder Norden parkt ein Roller, bedeutender Teil seines Lebens, jedoch klein gegenüber seinen früheren Maschinen. Da stand auch mal eine 1000er Kawasaki oder eine Suzuki 750 er. Mikes Träume hatten immer nur eine geringe Halbwertzeit. Sehr bald zerplatzten sie an der Wirklichkeit der Drogen.

Angefangen hatte alles ganz hoffnungsvoll. Mike wurde 1962 in Dortmund geboren. Der Vater war schon 65 Jahre alt, als er zur Welt kam. Die Mutter vom Jahrgang 1935, lebt noch heute ganz in seiner Nähe. Er war ein lieber Papa und Mike ein verwöhntes Kind. Nach dem Tod ihres Mannes hatte die Mutter eine Beziehung zu einer Frau, mit der sie lange zusammen war. Jetzt lebt sie traurig und verbittert allein in ihrer kleinen Wohnung. Vor einigen Jahren, als die Freundin noch lebte, hat sie sich von Mike ein kleines Tattoo auf die Hand machen lassen, ein Herz mit einem Treidel und die Lebensgefährtin hatte auch Spaß daran. Das hat ihn damals sehr gefreut.

Mike ging nebenan in die Grundschule, dann in die

Landwehr-Hauptschule. Nach Abschluss lernte er bei
Minister Stein unter Tage Bergman. Doch er musste
die Lehre abbrechen, weil er zu lange Krankheitszeiten
hatte. Er war ohne Nierenschutz auf seinem Moped
rumgesaust und hatte sich eine schwere Nierenent-
zündung geholt. Ein Unfall mit langen Genesungszei-
ten kam dazu. So wurde ihm gekündigt. Anschließend
jobbte er mal da, mal dort, häufig im Landschaftsbau.
Dann machte die Firma pleite. Er hatte viele Monate ohne einen Pfennig Lohn gearbeitet. Später bekam
er doch noch Konkursausfallgeld, circa 2000 DM.
Damit konnte man eine Zeitlang leben. Die folgende
ABM behagte ihm gar nicht. Er brach sie ab. Mit einer
Freundin war er schon auf den Geschmack gekommen, Haschisch zu rauchen. Sie fuhren nun häufig
nach Amsterdam, um selber Stoff zu holen. In dieser
Zeit hat er vor allem abends gekifft, tagsüber noch
hart gearbeitet. Er fuhr mit einer Truppe einen schweren Dachdeckeraufzug nach Frankfurt, Rigipsplatten
laden. 100 DM pro Mann gab es dafür am Tag. Eines
Abends kam er nach Hause. Da saß seine Freundin mit
einem Mädchen und beide rauchten etwas anderes als
üblich. Sie forderten ihn auf, auch mal zu probieren,
erklärten, das sei halt Shore (Heroin). Beim ersten
Mal musste er furchtbar kotzen und es ging ihm richtig dreckig. Schon beim zweiten und dritten Mal ging
es ihm gut, sehr gut sogar. Es ist als wenn dich jemand
sehr liebevoll in die Arme nimmt, sagt Mike. Ganz
warm und weich wird einem davon. Man sagt auch, zitiert Mike, Heroin hält, was Haschisch verspricht. Als
er sich an den Stoff gewöhnt hatte, war da nur noch
die Gier, es wieder zu bekommen. Bald ist er selbst
los gefahren und hat sich das Zeug besorgt, begann
zu dealen. Da war der soziale Abstieg schon fast per-

fekt. Er trennte sich von seiner Freundin, sie kam in
den Knast. Er hat dann nicht mehr gedealt, sondern
geklaut, also Beschaffungskriminalität. Damals war
Heroin noch sehr teuer. Ein Päckchen kostete 50 DM.
Heute kriegt man die Bubbels schon für 5 €. Als Süch-
tiger hat man so 200 DM am Tag gebraucht, um gut
drauf zu sein. Heute braucht man circa 50 €, um klar
zu kommen. Die Dosis steigert sich immer ein bisschen.

Die meisten spritzen, weil das effektiver ist.

Man hat den Kick schneller. Es ist einfach ergiebiger.
Rauchen werden nur die, die keine Venen mehr tref-
fen, weil alles total verhärtet ist. Mike hat ganz viele
Filme über Drogenschmuggel gesehen, weiß, wie das
Zeug vom Libanon und von Afghanistan aus nach
Deutschland gelangt. Eine irre Welt. Er sagt, das ist
Teil eines Waffenarsenals, zerstört die Moral des Wes-
tens, zielt auf das System und die Taliban finanzieren
ihre Waffen damit. Er weiß das alles und meint, das
sollte einen eigentlich davon abhalten, das Zeug zu
kaufen. Aber da denkt keiner drüber nach.
Mike war inzwischen ganz unten angekommen, war
obdachlos. Nach vielem hin uns her ist er nach Hannover gezogen, wo der Stoff billiger sein sollte. Dort
kam er bald in den Knast. Zuerst war das furchtbar für
ihn. Zu seinem Glück gab es dort eine Sozialarbeiterin,
die für ihn eine Wohnung und einen Arzt klargemacht
hat. Dort wurde er substituiert und konnte mit Aufla-
ge entlassen werden. Das war 1992. Anschließend war
er 9 Jahre Straftaten frei, bis auf einige kleinere Rück-
fälle wie Schwarzfahren. Deswegen wurde die Bewährung immer verlängert. Er kriegte sie einfach nicht

weg. Dann lernte er Sylvia kennen, die Mutter seines späteren Sohnes Meiki. Sie fanden eine Wohnung und sie wurde schwanger. Als Meiki geboren war, kam der Bewährungshelfer auf die glorreiche Idee, Mike könnte jetzt eine Therapie machen.

Jetzt, wo er Vater wäre, würde das Clean-Sein doch sehr gut kommen.

Er hat ihm regelrecht die Pistole vor die Brust gesetzt. Entweder du machst jetzt Therapie und völligen Entzug oder du verliert die Bewährung. Da hatte er nur noch 4 Monate offen, aber Meiki war ihm so wichtig, dass er sich auf die Sache eingelassen hat. Er ging in den Entzug, der, so sagt er rückblickend, furchtbar war. Noch nach einem Jahr ging es ihm dreckig. Es war hart. Auch Sylvia hatte entgiftet, aber sie ist alkoholrückfällig geworden. Nach der Entgiftung haben die beiden gemerkt, dass sie gar nichts mehr haben, was sie verbindet. Nur das Kind. Irgendwann ist sie abends weggegangen und nicht mehr wieder gekommen. Nun saß er mit dem Kind allein da und lernte eine Frau mit mehreren Kindern kennen, die ein Haus hatte, in dem er mit Meiki unterkommen konnte. Mit dieser Frau hat er dann den Tattoo-Laden aufgebaut. Das Tattoostechen lernte Mike schon im Knast. Ein Kumpel zeigte es ihm und als der entlassen wurde, hat er Mike den ganzen Krempel dagelassen. Es gab im Knast viele, die sich ihre alten Tattoos überstechen ließen und dann sehr zufrieden über die neue Pracht waren. Eines Tages kam Mike in seine Zelle und alle Sachen waren weg. Sie hatten die Zelle durchsucht und das, was er zum Tattoostechen brauchte, war kassiert worden. Mit dem Zuständigen hat er dann lange

gesprochen und ihm klar machen können, dass er mit seinem Hobby zur Resozialisierung beiträgt und die Kollegen glücklich macht, von alten Bildern befreit zu werden, die ihrem früheren Leben angehören. Das hat dem Bereichsleiter eingeleuchtet und am nächsten Tag waren Mikes Utensilien wieder da. Für die Existenzgründung gab es sogar vom Arbeitsamt Zuschuss. Anfangs lief es ganz gut. So knapp drei Jahre war es okay. Danach hat er noch Arbeitslosengeld zusätzlich gekriegt, weil der Laden nicht die Existenz sicherte. Von dem Geld für die Existenzgründung hatte Mike sich erst einmal einiges geleistet: den Führerschein neu gemacht, sich ein Motorrad gekauft, kurz, alle die Spinnereien ausgelebt, die er sich immer erträumt hatte. Bettina half, das Kassenbuch zu führen. Bald wurde sie aber raffgierig, wollte einen hohen Anteil von dem geringen Verdienst. Das Verhältnis war nicht gut, aber wegen Meiki hat er die Entscheidung, Schluss zu machen, immer aufgeschoben. Der Junge fühlte sich in dem Haus wohl, wurde eingeschult, kannte sich aus, hatte Freunde, war in die Familie integriert. Das wollte er nicht zerstören. Er war einfach nicht konsequent und schließlich hat Mike sich die Entscheidung abnehmen lassen, ist drogenrückfällig geworden, und hat alle Probleme verdrängt. Er kam wieder in den Knast. Dort kam Bettina ihn besuchen, hatte alles vorbereitet, alle Vollmachten dabei und, so sagt er heute: Ich Idiot habe alles unterschrieben. Als sie noch nicht raus war, wusste er schon, dass das ein Fehler war. Sie hat den Laden untervermietet, sein Konto geplündert. Letztlich wurden die Probleme auf dem Rücken des Kindes ausgetragen. Sie hat ihn als Druckmittel benutzt, bis Mike das Jugendamt gerufen hat und um Hilfe bat. Es wurde immer klarer, dass sie kein Geld mehr hat, keine Gasrechnung mehr bezahlt, es nur kaltes Wasser gab und für die Kinder nicht genug zu essen. Alles war verbraucht.

An Meikis fünftem Geburtstag saß er beim Jugendamt und beantragte, dass seine Vaterschaft für Meiki anerkannt wird.

Die Mutter war weg. Aber Mike konnte den Jungen nicht dauerhaft nehmen. Er ist zwar der biologische Vater, aber er kann nicht angemessen für das Kind sorgen. Er hat beim Jugendamt Druck gemacht, dass Meiki aus der alten Familie raus muss. So kam der Junge in eine Einrichtung, eine gute, sagt Mike, es ist die beste von ganz Niedersachsen. Beim Sorgerechtstermin hat Mike alles abgesegnet, was das Jugendamt schon in Gang gebracht hatte, die Einweisung in das Heim in Schöppenstedt und die Versorgung des Kindes. Letztlich war es eine richtige Entscheidung. Er hat guten Kontakt zu seinem Sohn. Der schickt ihm neuerdings immer Fotos von seinen Erlebnissen. Von der Oma hat er einen Fotoapparat geschenkt bekommen und Mike freut sich immer sehr über die Fotos von den Ausflügen. In den Ferien darf der Junge zu ihm kommen, pennt mal bei Oma, mal bei ihm. Die Mutter bleibt verschwunden. Ihre anderen Kinder sind ihr schon damals alle wegen Alkoholmissbrauch genommen worden. Meiki ist ein sehr vernünftiger Junge, ein kleines tapferes Kerlchen. Mike sagt: Der ist erwachsener als ich. In der Einrichtung kommt er gut zurecht, macht bei der Jugendfeuerwehr mit, geht zur Schule, fühlt sich dort zuhause. Diesen Standard kann der Vater ihm hier nicht ermöglichen.
2007 war ein schlechtes Jahr für Mike. Zuerst starb

die Lebensgefährtin seiner Mutter, dann wurde ihm das Motorrad geklaut, schließlich ist er rückfällig geworden. Von der Versicherung gab es Geld für das geklaute Motorrad. Er entschloss sich, in die Entgiftung zu gehen. Anschließend hat er sich wieder eine dicke Maschine gekauft. Dieses Mal eine 750 er GSX-F. Mit der hatte er an der Hohensyburg bei der Abfahrt Brüninghausen einen schweren Unfall. Er sagt: Die habe ich voll zersägt. So eine kleinere Maschine ist bissiger, da kriegt man die Kurven nicht so gut, sagt er. Danach war Mike völlig fertig, hat immer mehr gekokst, wurde wieder rückfällig. Prompt kam er erneut in den Knast. Dieses Mal in Dortmund in den Lübecker Hof. Am Anfang, so Mike, kommst du immer auf Gemeinschaft, kriegst einen roten Punkt wegen Selbstmordgefahr. Aber dann kannst du in eine kleinere Zelle kommen. Die meisten Knäste sind große Scheiße, Hannover, Wolfenbüttel, das letzte Loch. Vom Dortmunder Gefängnis aus hat er sich noch mal für eine Therapie beworben und im Knast eine Gruppe kennen gelernt, die sich regelmäßig traf und gegenseitig stützte. Die Therapie in Hagen war dann eine der besten die er je hatte. Er hat dort für die Gruppe gekocht, viel gearbeitet, aber auch gute Betreuung und Beratung gefunden. Es war astrein und lange danach war er noch clean.
Seit einiger Zeit wird er substituiert, holt sich jeden Morgen zwischen 8 und 11 Uhr sein Zeug ab. Unangenehm ist, dass er am Wochenende zum Gesundheitsamt muss und da anstehen. Da laufen diverse ungute Geschäfte ab und das ist immer wieder eine Versuchung. Damit will er nichts mehr zu tun haben. Methadon, sagt Mike, ist schön und gut, aber es dämpft nur die Entzugserscheinungen. Den wirklichen Kick bringt es nicht.

Das Gast-Haus lernte Mike 2006 kennen. Irgendein Kumpel hatte ihm davon erzählt. Er ist mit dem Motorrad hin. Das passte nicht allen, und die Leute haben gemunkelt: was will der denn hier, mit ner dicken Maschine vorfahren und dann kostenlos Frühstück abgreifen. Das ist doch verrückt. Warum kommt der überhaupt? Jetzt mit dem Roller ist alles okay, aber damals war das anders. Mit ne 1000er Kawasaki ankommen und kostenlos Kaffee trinken oder bei Kanaan Suppe essen, löst schon Verwunderung und Abwehr aus.

Es ist gut, dass es so was wie das Gast-Haus überhaupt gibt.

Allerdings auch ein bisschen enttäuschend, dass es das in unserem reichen Land geben muss, sagt er. Der Staat hat es so weit kommen lassen. Hartz IV, das ist Armut per Gesetz. Als er rückfällig geworden war, ging es ihm ziemlich dreckig. Er hatte alles an Problemen, was man in der Obdachlosigkeit so kriegen kann: Er war unterernährt, hatte die Schleppe. So kam er in die Praxis. Mit Doc Klaus kam er gut klar. Er hat andere Ärzte erlebt, die ihn anmachten und verächtlich behandelten, als wäre er kriminell. Im Gast-Haus hat er natürlich auch viele alte Bekannte wieder getroffen. Da trifft sich halt alles, was im Leben nicht mehr weiter kommt, sagt Mike.

Jetzt lebt er von Hartz IV. Wenn er am 29. des Monats Geld kriegt, kauft er Tabak ein, Benzin für den ganzen Monat, macht Überweisungen, zahlt sein Internet, zahlt Schulden zurück und einen Tag später ist er quasi wieder blank. Was tun? Zum Glück gibt es das Gast-Haus und die Tafel. Sonst könnte er nicht überleben.

Im Gast-Haus, hat Mike beobachtet, sind am Geldtag plötzlich alle gesund. Da braucht kaum jemand einen Arzt, da geht es für diesen einen Tag allen gut. Aber das ist schnell wieder vorbei. Manchmal macht Mike ein paar Tattoos und kriegt dafür einige Euro, kriegt mal hier Zigaretten bzw. Tabak geschenkt, schlägt sich so durch.

Zur Tafel fährt er immer mit einer Nachbarin, die drei Kinder hat. Mit Roller ist der Transport der Sachen leichter. Kochen lohnt sich für ihn allein nicht. Da geht er lieber zur Suppenküche oder isst einfach nur Cornflakes.

Er sagt, dass die meisten froh wären, wenn sie Arbeit hätten, im Fernsehen aber vor allem die zu Wort kommen, die so richtig ausgebufft sind und so tun, als wären die Leute doof, die noch arbeiten, Er ist sich sicher, das ist nur eine Minderheit. Arg sind auch die niedrigen Löhne. In seinen Augen wäre es ein Fehler gewesen, dass Deutschland den Euro eingeführt und die Grenzen geöffnet hat. Die Polen im Gast-Haus, sagt er, das ist ne Seuche. Da ist etwas falsch verteilt. Aber das wird sich nicht mehr ändern. Er befürchtet, die Polen gehen für ganz wenig arbeiten. Von uns (er meint die Deutschen) geht keiner für 3 oder 5 Euro arbeiten. Aber die schon.

Aber er komme auch so durch, sagt Mike. Irgendwie kommt man immer durch.

Gefragt nach seinen Träumen vom Leben, als er noch Kind war, erzählt Mike:

Mit 12 oder 13 Jahren bin ich mal mit einem Kollegen am Kanal langgegangen. Da waren zwei Typen, die hatten tolle Kawasakis, ne 900er und ne 1000er. Da habe ich zu meinem Kumpel gesagt: wenn ich mal älter bin, dann will auch so ein Motorrad haben. Das habe ich mir mit 18 Jahren schon gekauft. Dieser Traum war schon mal weg. Irgendwann hatte er Geld, ne nette Frau, Schmuck, eben alles, was man so will und sich vorstellt als Junge. Er hatte auch einen Tattoo-Laden, die schweren Motorräder. Davon ist heute nichts mehr übrig.

lief falsch?

Es gab nichts mehr, was ihn befriedigte, es gab keinen Kick mehr. Alles langweilte ihn nach einer gewissen Zeit. In Peine, als er den Laden hatte, saß er eines Tages da, hatte Auto und Motorrad, eine fast normale Familie und dachte, eigentlich könnte er zufrieden sein. Aber in ihm war nur die bohrende Frage: Soll es das gewesen sein? War es das jetzt? Das kann doch nicht sein! Da kam er gar nicht mit klar und so kamen dann wieder die Drogen ins Spiel.

Er hat wieder angefangen zu koksen. So oder so ähnlich haben ihm das auch andere erzählt. Entweder fangen sie wieder an, wenn sie ganz unten sind oder wenn es ihnen fast zu gut geht.

Es war seine freie Entscheidung, und er hat sie seltsamer Weise schon innerlich vorausgesehen. Wenn ich mal Stress mit dieser Frau habe, dann werde ich sicher wieder was nehmen. Klar. Wenn nichts mehr geht, dann verkokse ich den ganzen Laden. Es gibt ja so negative Vorausahnungen und Gefühle. Die hatte er damals. Und im Grunde ist es dann genau so gekommen. Eines Abends, als er dachte, der Sohn schläft und alle im Haus pennen, hatte er sich für den Druck schon alles zurecht gelegt und wollte gerade loslegen, da kam der Sohn heulend aus dem Zimmer: Papa, Papa, ich habe geträumt, alles geht so schnell, alles... Mehr konnte er nicht sagen. Aber Mike hat verstanden, wusste in diesem Moment, der Junge hat Recht, auch wenn er es nicht ausdrücken kann. Alles, was er aufgebaut hatte, ging ab diesem Moment rasend schnell den Bach runter. Furchtbar schnell. Schlagartig. Durch den Sohn konnte er einen kurzen Moment in den Spiegel sehen. Das war schon heftig. Mike hat das Kind wieder ins Bett gebracht und die Drogen, die hat er dann trotzdem konsumiert. Obwohl es ein Wink mit dem Zaunpfahl war.

Auf die Frage, was Mike sich für die Zukunft wünscht, sagt er:

Dass wenigstens mein Sohn gut aufwächst und es packt.

Er hat keine Mutter mehr. Wenn meine Mutter und ich nicht mehr sind, dann ist dieses Kind ganz allein auf der Welt. Der hat später niemanden mehr! Ich hoffe, dass er trotzdem stark ist und seinen Weg geht. Das Jugendamt war schon hier, hat genau geguckt, ob er zu mir zurückkommen kann. Aber Mike schafft es nicht, ihn voll zu versorgen. Der Junge möchte das schon. Wenn er kommt, dann sagt er das auch. Er will immer zum Papa, der ist das große Vorbild, aber, so Mike, ich bring dem ja nur Scheiße bei. Bevor er wieder in Therapie war, hat er ihn mal auf dem Motorrad zu einem Bikertreff mitgenommen. Es war Pfingsten an der Hohensyburg. 450 Maschinen fuhren im Korso. Das Ganze dauerte einschließlich Bikergottesdienst bis ein Uhr nachts. Mikes Mutter machte sich schon große Sorgen. Auf dem Rückweg hat Mike sich verfahren. Musste er nun die Autobahn nach Oberhausen oder nach Wuppertal nehmen? Jedenfalls war er total falsch und hatte kaum noch Benzin. Am Schluss ist er mit 260 Stundenkilometer über die Autobahn gebrettert. Als sie endlich zu Hause ankamen, sagte der Junge: Oh Papa, das war aber dolle schnell!

Im Moment wünscht Mike sich, dass die Wunde am Schlüsselbein endlich verheilt und er eine liebe, vorurteilslose Frau findet. Aber er hat keine große Hoffnung, dass sich etwas positiv in seinem Leben ändert. Es ist ziemlich elendig.

Vielleicht bringt der Sommer was. Gut wäre auch, etwas Sinnvolles zu tun zu haben. So langweilt er sich oft. Vielleicht beim Frühstück im Gast-Haus helfen oder so. Zu Hause immer allein vorm Computer, das macht rammdösig.

Metin

Nein! Träume und Wünsche hat Metin nicht. Er hat Pläne und Ziele.

Erstes Ziel ist, das Praktikum und dann die Ausbildung zu schaffen. Dafür hat er sich fünf Jahre vorgenommen und bisher ist ein halbes Jahr um. Metin ist ganz erfüllt von seinem jetzigen Leben mit einer klaren Vorstellung von den nächsten Schritten, raus aus der Unterstützung durch die ARGE, raus aus den familiären Fesseln, raus aus den schlechten Kontakten des alten Lebens.

Metin stammt aus einer strenggläubigen türkischen Familie. Er wurde 1967 in einer Kleinstadt wie Lütgendortmund namens Afyon, 350 Kilometer südwestlich von Izmir geboren. Bis zum vierten Lebensjahr war er ein putzmunterer Junge. Bei der Fahrt nach Deutschland, wo der Vater seit 1964 arbeitete, hatte der einen schweren Unfall. Der vordere linke Reifen platzte irgendwo in Jugoslawien und der Wagen kam an die Seitenbefestigungen. Metin mit seinen vier Jahren saß vorn und war nicht angeschnallt. Seine Mutter war im siebten Monat schwanger und wollte lieber hinten sitzen. Daneben saß die kleine Schwester. Metin hatte schwere Kopfverletzungen. Als er aufwachte, lag er in einem Bett, um ihn herum nur Weißkittel, die sich in dem Krankenhaus in Datteln rührend um ihn kümmerten und ihn trösteten, wenn es ihm nicht gut ging. Seitdem hat er eine große Zuneigung zu Ärzten, Krankenschwestern, Pädagogen, zu Weißkitteln überhaupt. In dem Krankenhaus blieb er drei Jahre, wurde frei erzogen wie deutsche Kinder, ganz anders als zu Hause, wo die streng muslimische Erziehung im Vordergrund stand. Er genoss den anderen Stil im Krankenhaus, der ihn stark geprägt hat. Seine Eltern halten die religiösen Regeln strikt ein, beten fünf Mal am Tag. Er tut das nicht, geht auch nicht in die Moschee, weil er, so Metin, das Leben ein zweites Mal geschenkt bekommen hat. Dieses Leben will er auch mit vollen Zügen genießen, sich nicht den rigiden religiösen Geboten unterwerfen, die ihm nichts mehr bedeuten. Er sagt: Ich will nicht leben wie meine Familie, die nur für die Ewigkeit vorbaut, ich will es jetzt, das Glück.

Als Kind hat er zwei sehr unterschiedliche Erziehungsstile erfahren, streng und offen und das Offene hat ihm viel besser gefallen. Nach den drei Jahren Aufenthalt im Krankenhaus musste er alle drei Monate erneut zur Untersuchung kommen. Das ging bis zu seinem 11. Lebensjahr. In der Zeit hat er fast nur im Rollstuhl gesessen. Es sind die Folgen eines Schädelhirntraumas. Die Unterschenkelmuskulatur ist nur dünn ausgeprägt und dadurch kann er sein Gewicht nur mit dem Oberkörper beherrschen. Oft setzt sich der Nacken zu und verursacht starke Schmerzen. Wenn er fällt, stützt er sich immer mit den Händen ab. Anders geht es nicht. Vom Krankenhaus Datteln kam er damals in die Orthopädie nach Bad Oeynhausen. Dort hatte er einen guten Arzt, der ihm Krücken anpasste, aber irgendwann die Krücken wegnahm und sagte: Entweder läufst du jetzt oder nie mehr, und Metin ist gelaufen.

Er fiel zwar ein paar Mal hin, aber dadurch hat er diese Mentalität des Stehaufmännchens entwickelt.

Er kam auf eine Schule für Körperbehinderte in Mengede und später nach Aplerbeck und nicht, wie er gehofft hatte, in eine Hauptschule, weil sein Vater fürchtete, die anderen Kinder gingen nicht achtsam mit ihm um oder würden ihn hänseln. Anfangs war er in einer Klasse für Lernbehinderte mit nur wenigen Schülern. Er hat gut gelernt und 1986 den Hauptschulabschluss gemacht.

Dann begannen die Probleme, denn seine Familie wollte seit langem zurück in die Türkei und nur seine Behinderung hat ihnen ihre Pläne verdorben. Sie wussten, in der Türkei hätte er nicht behandelt werden können. Aber sie haben es ihn spüren lassen, dass er ihre Pläne zerstört hat und suchten nach einer Gelegenheit, dass sie doch noch mit ihm zusammen zurück könnten. Auch sonst verhielt er sich nicht so wie die Familie es wünschte. Er hatte deutsche Freundinnen, und wenn er mit denen nach Hause kam, gingen die Flappen runter und sie waren verstimmt, unruhig, nervös, haben sich abgekapselt. Wahrscheinlich um diesen Zustand zu beenden, haben sie ihn eines Tages mit in die Türkei in den Urlaub genommen. Er wollte da gar nicht hin, aber sie haben gesagt, die Verwandten möchten ihn so gern sehen. Da ist er schließlich mitgefahren. Der eigentliche Grund aber war eine arrangierte Heirat. Er wurde praktisch zwangsverheiratet, obwohl die Eltern das nicht so nennen würden. Für sie war es eher eine Maßnahme der Fürsorge, weil sie Metin ein eigenständiges Leben nicht zutrauten. Das Mädchen kam aus dem Nachbardorf. Um ihn gefügig zu machen, wurde ihm Pass und Flugticket abgenommen und er unter Druck gesetzt: Entweder stimmte er der Heirat zu oder er musste in der Türkei bleiben. Auf diese Art erzwang man sein Jawort. Meine Familie, so Metin, will immer über mich bestimmen. Das Mädchen war schon okay. Aber sie hat leider auf der Seite seines Vaters gestanden und wenn er schwach war, haben sie das gemeinsam ausgenutzt. Das hat 15 Jahre so einigermaßen geklappt. Dann war für ihn Schluss. Der Vater versucht aber weiter, hinter seinem Rücken die Strippen zu ziehen. Sicher könnte er zu Hause die Füße auf die Couch legen und sich von vorn bis hinten bedienen lassen. Aber das will Metin nicht.

Er will seine Freiheit und sein eigenes Leben.

Es geht ihm nicht um Bequemlichkeit und nicht um Reichtum. Deshalb hat er seine Frau im Stich gelassen, ist aus der Wohnung ausgezogen und hat angefangen, die BODO zu verkaufen und selbstständig etwas auf die Beine zu stellen. Darum geht es ihm. Seine Frau kam damals hochschwanger aus der Türkei, ohne ein Wort Deutsch zu sprechen. 1997 wurde die Tochter geboren. Die Frau wollte auch gar nicht richtig Deutsch lernen. Er musste alles für sie regeln, mit ihr überall hin. In seiner Familie leben fast alle so, dass sie gar kein Deutsch brauchen. Der Arzt ist Türke, in den Geschäften sind nur Türken, im Café, überall nur

Türken und im Fernsehen werden nur türkische Sender geguckt.

Mehrere Jahre war Metin Hilfsarbeiter im Ersatzteillager bei Opel. Das war eine gute Zeit. Aber durch die Machenschaften seines Vaters im Bund mit seiner Frau hat er seine Stelle verloren. Im Grunde wollte der Vater immer eine Großfamilie, wo alle abends um den Tisch sitzen und er bestimmt, was getan und was nicht getan wird. Alle liefern Anfang des Monats das Erarbeitete ab und wenn man etwas haben möchte, bekommt man ein kleines Taschengeld. Anatolien in Deutschland. Der Vater will vollständig die Kontrolle behalten. Die Schwester ist irgendwann zum Entsetzen der Familie aus dieser Enge ausgebrochen. Aber der Vater wehrt sich weiter mit allen Mitteln, dass seine Kinder sich nicht in alle Himmelsrichtungen zerstreuen und Metins Frau ist auf seiner Seite. Das konnte nicht gut gehen. Als Metin auszog, wurde er obdachlos. Mal waren seine Aufenthaltsräume die U-Bahn, mal der Bahnhof. Überall, wo es möglich war, hat er gepennt. Mit Hilfe des Diakonischen Werks kam er in ein Programm und konnte eine Zeit lang in einem Hotelzimmer schlafen. In der Suppenküche Kana hat er vom Gast-Haus gehört, dort gäbe es Frühstück, Duschen und frische Wäsche. So kam Metin ins Gast-Haus. Das hat, sagt er, eine ganz eigene Bedeutung für ihn, eine sehr große als Zufluchtsort, als es ihm schlecht ging. Der Arzt war auch wichtig und vor allem die Ergotherapeutin Heike. Als er sie in dem Gewirbel der Gäste beim Frühstück das erste Mal sah, hat er gedacht: Was macht so eine anständige Frau hier zwischen den Leuten? Hat die nichts Besseres zu tun? Durch den Arzt hat er dann Termine zur Ergotherapie bekommen. In der folgenden Zeit hat sie ihn immer wieder aufgebaut und unterstützt. Wichtig waren auch die Seelsorger, die viele Gespräche mit ihm geführt haben und ihm halfen, eine Wohnung zu finden. Inzwischen hat er ein Zimmer in der Nähe vom Borsigplatz gemietet. Nichts Tolles! Da wurde mal die Tür eingerammt, es gibt keine Küche und zurzeit keinen Strom, weil er nicht bezahlt hat. Metin sagt, er kann damit leben und kriegt das schon irgendwann geregelt. Zum Glück wohnt seine Familie weiter in Lünen. Denen kann er auf diese Weise besser aus dem Weg gehen. Er fürchtet nämlich, dass die den Plan, ihn in die Türkei zurückzubringen, nicht ganz aufgegeben haben. Zwar ist er jetzt geschieden, aber der Vater hätte gern, wie Metin es ausdrückt, einen modernen Sklaven, der in der Türkei seine Geschäfte betreibt. Es gibt in dem Ort ein dreistöckiges Haus mit Bäckerei, was Metin mal erben soll. Der Vater ist und bleibt eben autoritär, obwohl er vor ein paar Jahren in Mekka war und seitdem die männlichen Rechte an die Mutter abgetreten hat. Das heißt, jetzt will seine Mutter in der Familie das Kommando haben. Doch wie kann es gut gehen, wenn zwei, die im Deutschen praktisch Analphabeten sind, bestimmen? Sie können beide nur türkisch lesen und schreiben und deutsch nur Bruchstücke. Sie leben wie in einem Getto. Das lehnt Metin für sich ab.

Sein Leben ist zwar hart, aber er will es sich selbst erarbeiten.

Er hat sich gesagt, wenn er keine Maßnahme von der ARGE kriegt und nichts mehr geht, dann wird er als letztes BODO verkaufen und so hat er es auch gemacht. Er hat sich selbst Wort gehalten und trotzdem eine Maßnahme bekommen. Die gesteckten Ziele will er unbedingt erreichen. Damit hat er sich selber etwa Gutes getan. Jetzt macht er bei der DEKRA eine Qualifizierungsmaßnahme für Mitbürger mit Migrationshintergrund. Er hat schon mehrere Maßnahmen gehabt. Oft sind es eher nur Verschleppungsmaßnahmen, meint er. Bei der ARGE hat er immer wieder gedrängt, schließlich einen Kompetenzscheck gemacht und deutlich gesagt, dass er als Lagerfacharbeiter arbeiten will. Oft haben die Sachbearbeiter und Firmen aber Zweifel, dass er die Arbeit körperlich schafft. Er ist sehr zart und die Beine funktionieren nicht so wie bei anderen Menschen. Wenn er sich beworben hat, kam er sich immer vor wie ein Pferd, dem ins Maul geguckt wird, ob noch alle Zähne da sind. Er versteht das irgendwie. Keiner kauft gern die Katze im Sack. Der Amtsarzt, zu dem er ging, hat gestaunt, als er sagte, er möchte nicht in der Bude hocken oder von Almosen leben. Das mache ihn krank. Das Geld, das selbst verdient ist, bekommt ihm besser als das vom Amt. Der Arzt hat ihn gecheckt und für acht Stunden Arbeit pro Tag grünes Licht gegeben. Danach hat er dem Vermittler bei der ARGE klar gemacht, dass er alles an Voraussetzungen erfüllt hat. Nun hätte er ein Anrecht auf die Maßnahme. Erst einmal haben ihn die Leute bei der DEKRA aber wieder abgeschoben. Er hat nicht locker gelassen, hat sich die neuen BODO geholt und sie am Westenhellweg verkauft. Der Arbeitsvermittler hat ihn heimlich beobachtet und gestaunt, dass er so lange arbeiten kann. So bekam er endlich den Gutschein und auch die Maßnahme. In wenigen Wochen ist Prüfung. Im Grunde weiß er das, was dort verlangt wird, schon alles, aber was soll's? Er braucht den Schein um weiterzukommen. Vor allem will er noch eine Lehre machen, um Facharbeiter zu werden. Metin sagt: Was ich mir selbst erarbeitet habe, das macht mir auch Spaß. Die Ergotherapie war aus seiner Sicht sehr erfolgreich und er konnte seine Vergangenheit hinter sich lassen. Wer das nicht kann, sagt er, wird die Zukunft auch nicht bewältigen.

Hobbys hat er zurzeit nicht. Das waren bei ihm auch eher die schlechten Seiten. Da war Metin Stammgast in türkischen Spielhallen, oft auch mit dem Vater, immer mit zwiespältigen Leuten zusammen. Zocker, Waffenschieber, Drogendealer. Alles Leute, von denen man besser Abstand halten sollte. Er hat nun allen den Rücken gekehrt. Seit mehr als einem Jahr ist er in keiner Spielhalle mehr gewesen und sagt: Ich war nämlich kurz davor, richtig kriminell zu werden. Von seinem

Von seinem Vater stammt die Weisheit:
Ein türkischer Mann hat nur drei Dinge:
Seine Waffe, sein Pferd und seine Frau.

Aber das sind Sprüche, die für ihn nicht mehr zählen. Auch während der anstrengenden Maßnahme hat Metin immer weiter BODO verkauft. Aus seiner Erfahrung kommt es beim Zeitungsverkauf darauf an, gut auszusehen, sauber und ordentlich gekleidet und Geduld zu haben. Er wartet, bis die Kunden voll gepackt und zufrieden von ihren Einkäufen kommen. Dann kaufen sie von alleine. Als er mal an einer anderen Stelle stand, haben Kunden ihm gesagt: Nur ihretwegen bin ich jetzt mit meinen Tüten durch die halbe Stadt gerannt. Wenn er so etwas hört, freut er sich und weiß, dass seine Arbeit gemocht wird. Der BODO-Verkauf hat ihm Selbstdisziplin und Durchhaltevermögen gelehrt. Während der Maßnahme hat er eigentlich genug Geld. Aber er verkauft die BODO weiter, um sich ein gewisses Polster anzulegen, damit er zukünftig nicht mehr von den Ämtern abhängig ist, und um sich selber etwas zu beweisen. Die Familie hat ihn nun weitgehend losgelassen. Es kann aber sein, dass es noch mal Ärger gibt. Dabei geht es um seine Frau. Wenn eine türkische Frau geschieden ist, muss sie in ihre Familie zurück und sein Vater hat Angst, dass er dann die Enkeltochter, die er sehr liebt, nicht mehr sieht. Das hat, sagt Metin, alles auch mit dieser scheiß Ehre zu tun, die der Vater so verinnerlicht hat. Deshalb will er, dass Metin zurückkommt. Dann könnte die Enkelin hier bleiben. Doch die will viel lieber in die Türkei. In Izmir kann sie freier als hier unter der Fuchtel des Großvaters leben und hat viel mehr Chancen. Wenn sie hier mal zu ihrer Freundin will, muss gleich die ganze Familie mit. Das ist alles viel zu eng und schwierig. Sie darf nicht allein raus. Nichts darf sie. Der Vater, so befürchtet Metin, wird versuchen, sie nicht gehen zu lassen. Doch inzwischen hat er erfahren, dass sie gegangen sind. Tochter und Frau. Der Vater aber denkt immer noch, er hätte sich das Recht auf Metins Leben gesichert, weil er ihn damals gerettet hat und seinetwegen hier blieb. Sicher, er hat viel für ihn ausgegeben, viel Geld jedenfalls, aber Metin meint, das zählt nicht, nur der Mensch zählt und sein Vater hat kein Recht mehr auf ihn.

Jetzt will er die Prüfung machen und eine Praktikumsstelle bekommen. Die braucht er unbedingt, aber wenn er keine findet, werden die von der DEKRA ihn hoffentlich unterstützen. Er hat dann trotzdem die Maßnahme erfolgreich beendet und wenn er später die Chance kriegt, noch eine Lehre oder Umschulung zu machen, wird er auch das durchhalten.

Der Unterricht ist montags bis freitags von 8-15 Uhr. Anschließend geht er etwas essen, mal zur Bahnhofsmission, mal ins Gast-Haus, zum Brückentreff oder zu Kana. Die Wohnung ist nicht optimal, aber er wollte erst einmal seine Ruhe haben. Vom BODO-Geld will er sich die Wohnung später richtig einrichten, es ohne Geld von der ARGE schaffen.

Er ist es leid, immer die Hosen runterzulassen und zu betteln, damit muss Schluss sein. Er will beweisen, dass er arbeiten kann. Das ist manchmal hart, weil er dann total kaputt ist, körperlich jedenfalls, aber im Kopf munter und positiv gestimmt. Diese Erfahrung hat ihm die Augen geöffnet.

Er war, meint Metin, schon immer ein Kämpfer, aber dieses Mal war es besonders schwer. Doch jetzt ist die Baustelle auf festem Fundament.

Die nächste Stufe ist die Ausbildung.

Von 28 Bewerbungen hat er drei zurückbekommen.

Über frühere Lebensträume spricht Metin nur verhalten. Er hat ein Handicap, ist behindert, so kann er zwar eine Zeit lang durchhalten, auch mit Schmerzen, aber dann ist Schluss. Deshalb ist er oft lieber allein.

Früher wollte er mal Motorrad fahren, träumte, sich den Wind um die Ohren wehen zu lassen. Aber er weiß, dass das unmöglich ist. Auto fahren war möglich und das hat er schließlich übertrieben, musste den Führerschein abgeben, hat fünf Autos zu Schrott gefahren, zum Glück aber keinen Menschen verletzt. Wenn sein Leben jetzt wie geplant weitergeht, will er ungefähr zehn Jahre arbeiten, damit er seiner Tochter, die er sehr liebt und unter der Trennung leidet, helfen kann, ein selbstständiges und menschenwürdiges Leben aufzubauen. Bisher konnte er keinen Unterhalt zahlen. Das will er dann nachholen.

Er hat gelernt, etwas aufzubauen und sagt:

Kaputt machen, das geht schnell, aber aufbauen, das dauert.

Jeder Schritt, der weiterbringt, ist gut. Viele Menschen haben ihm gedanklich Unterstützung gegeben. Das war total wichtig.

Wenn er im Kopf weiß, was er tun will, dann kann er auch Schmerzen ertragen.

Heike hat ihm gesagt, er solle sich mehr helfen lassen. Und sie hat Recht. Es war manchmal falscher Stolz, dass er Hilfe nicht annehmen konnte.

Zu seinen Schmerzen beim Stehen und Gehen sagt er: Du musst dir vorstellen, du schnallst dir unter das Knie eine Holzlatte und gehst viele Kilometer mit geradem Bein, Treppen rauf, Treppen runter. Du wirst furchtbare Schmerzen haben und am Abend nicht mehr wissen, wie du stehen kannst. So ergeht es mir seit meinem vierten Lebensjahr. Aber ich habe gelernt, damit zu leben. Um überhaupt zu leben, muss ich das aushalten.

Viktor

Er, nennen wir ihn Viktor, kommt immer mit allem, was er hat. Eine große, rot/blau/weiß gestreifte Stofftasche, gebläht von vielerlei Dingen, die er täglich braucht, Schlafsack, Wäsche zum Wechseln, Handtücher, Waschzeug und einem alten Rollkoffer. Beides zieht er hinter sich her, wenn er in den Behandlungsraum geht. Er hat eine üble Hautkrankheit, Krätze genannt, die so schlimm wurde, dass er am ganzen Körper mit blutig aufgekratzten Flecken übersät war. Es war ›zum aus der Haut fahren.‹ Wer Krätze hat und auf der Straße lebt, hat große Probleme, die Krankheit auch wieder los zu werden. Die Krätzmilben haben schon lange ihre Gänge unter der Haut gegraben und die Weibchen dieser Gattung ihre Eier und ihren Kot dort abgelegt. Es juckt höllisch am ganzen Körper und an Schlafen ist nicht zu denken. Als endlich klar war, was die Ursache seines Ausschlags war, konnte er richtig behandelt werden. Alles, aber auch wirklich alles, was er bisher am Körper trug, einschließlich Schlafsack musste weggeworfen werden. In Kälte sterben die Viecher ab, aber es war noch nicht so kalt, dass man es riskieren konnte, irgendetwas übrig zu lassen. Von manchem neuen Teil, ein Sweatshirt oder eine Hose, die er sich gerade besorgt hatte, konnte Viktor sich schwer trennen. Doch es musste sein.

Die Tinktur linderte rasch den Juckreiz und zwei Tage später musste das gleiche Vorgehen - eine Ganzkörpereinreibung - noch mal praktiziert werden. Ein mühsames Arbeiten, was voll auf die Einsicht des Patienten setzt. Ohne Wohnung ist es selbstverständlich schwer, die notwendige Hygiene einzuhalten. Viktor hätte das Medikament auch mitnehmen können, aber wo sollte er sich am ganzen Köper einreiben, wo die Sachen wechseln, wo die gebrauchten einfrieren?

Allen Widrigkeiten zum Trotz hat es geklappt. Die Krätze ist besiegt. Vorläufig. Damit ist das Leben noch nicht wieder in Ordnung, aber das Schlimmste überstanden.

Martina und Peter

Sie haben sich gefunden, zwei, die mehr Probleme haben als Geld auf dem Konto. Ausgerechnet im KICK, dem Drogencafé von Dortmund. Dort stromerte er herum, genehmigte sich nach der Methadoneinnahme ein kleines Bier und dann ging's ans Frühstücken. Ein heller, gemütlicher Raum, wo man sich wohlfühlen kann.

Er, Peter, wurde 1960 geboren. Gelernt hat er Maschinenschlosser. Irgendwann machte der Betrieb pleite.

Mit Drogen war er schon früh in Berührung gekommen.

Dann hielt ihn nichts mehr, er sackte ab und wurde straffällig. Eine Spirale nach unten, wie er selbst sagt, und die Therapien haben nichts daran geändert. Es war dort alles so schematisch, aber, gibt er zu, vielleicht fehlte mir auch der eigene Wille, wirklich mit den Dingern Schluss zu machen.

Vorm KICK mit einem Kumpel traf er fast täglich

Sie, die blonde kleine Frau, die schlecht zu Fuß war, manchmal sogar an Krücken ging. Martina. Er hat sie in Augenschein genommen, wie er sagt. Sie redeten zusammen, tranken einen Kaffee, verabredeten sich für den nächsten Tag, tauschten auch mal Drogen, rauchten zusammen, was jeder so hatte.

Bald entwickelten sich stärkere Gefühle füreinander, Sehnsucht nach Geborgenheit und Zweisamkeit.

Davon hatten beide in ihrem Leben bisher nicht viel mitbekommen.

In dieser Zeit musste sie wegen Schwarzfahrens in den Knast, und er in die Therapie. Zivilbeamte, so wird berichtet, sind häufig am KICK, fahnden nach Leuten, die ihren Haftantritt ›vergessen‹ haben oder sonst auf der Liste stehen. So auch Martina. Sie wurde mitgenommen, eingesperrt und musste ohne Medikamente, nur mit etwas Methadon, das sie sich gerade abgeholt hatte, in ihrer Zelle einsitzen. Dass sie bat und bettelte, sie brauche Schmerztabletten, interessierte nicht. So bekam sie das, was man in informierten Kreisen ›einen Affen‹ nennt. Es sei furchtbar gewesen. Heftige Krampfanfälle schüttelten sie und sie hatte das Gefühl, sie schaffe es nicht, das lebend zu überstehen. Schließlich kam sie ins Knastkrankenhaus nach Fröndenberg. Ein Vergnügen war es auch dort nicht, aber sie wurde medizinisch versorgt und schließlich weiter substituiert. Bis heute. Das Medikament holt sie sich ein Mal die Woche im Gesundheitsamt. Wegen ihrer schweren Behinderung hat sie inzwischen ein kostenloses Ticket für die Bahn. Sonst könnte sie gar nicht unterwegs sein, auch nicht ins Gast-Haus kommen.

Martinas Leben war immer ein Auf und Ab mit Problemen, die jeden Tag irgendwie bewältigt werden mussten. Sie sagt, sie guckt immer nur auf den nächsten Tag und den will sie überstehen.

1960 in Köln geboren, musste sie bald mit der Mutter und den Geschwistern zur Oma ins Sauerland ziehen. Für sie war es grauenvoll dort. In der Schule wurde sie gehänselt, weil sie den falschen Dialekt sprach, sie waren arm, ihre Klamotten hatten keinen Schick und sie kein Selbstverstrauen, um sich zu wehren. Mit 15 ist sie dann abgehauen, zurück nach Köln, schlief, wo sie gerade unterkam, hatte kleine Jobs zum Überleben. Eine Lehre als Floristin brach sie ab, weil ihr Lehrherr mehr von ihr wollte als sie ihm zugestand. Es war ihr zu viel, ihn auch noch privat zu befriedigen.

Damals, sagt Martina, wurden solche Dinge immer unter den Tisch gekehrt und es gab keine Stelle, wo eine junge Frau Hilfe bekommen konnte.

Auch ihr Onkel hat sich an sie herangemacht und es hat niemanden interessiert. Das ist für sie die absolut negative Seite von Männern, die sie lieber nicht erfahren hätte.

Das alles war sehr verletzend. Von Köln aus kam sie nach Lünen, wo sie ihren Mann kennen lernte. Mit ihm hat sie auch Kinder, insgesamt sind es vier. Drei von ihm. 8 Jahre hat die Ehe gehalten. Es waren keine guten Jahre. Er hat sie geschlagen und sie als seine Putzsklavin behandelt. Zu den Kindern hat sie heute wenig Kontakt. Das, so sagt sie, hat mein Mann alles kaputt gemacht. Er hatte das Sorgerecht bekommen, weil sie damals schon krank wurde. Anfangs war es Rheuma. Das hatte sich entwickelt, als sie erst 21 Jahre war. Gelenkrheuma mit furchtbaren Schmerzen, gegen die nichts ankam. Sie konnte den Haushalt nicht mehr allein regeln. In den Augen ihres Mannes taugte sie nicht, war eine Schlampe, war selbst Schuld an ihrer schlechten Verfassung. Schließlich hat sie die Scheidung eingereicht.

Wahrscheinlich durch die schwere Arbeit mit den Kindern – es gab keine Waschmaschine, alles musste mit der Hand gemacht werden – hat sie früh auch noch Osteoporose bekommen. Die Knochen sind einfach weggebrochen. Da die Wirbel aufeinander lagen, hatte sie Schmerzen als würden Stromstöße durch ihren ganzen Körper gejagt. Sie konnte nur auf einer Seite liegen, wurde schließlich operiert. Seitdem hat sie in einem Bein kein Gefühl mehr, muss im Rollstuhl sitzen, ohne Morphium ist der Schmerz übermächtig. Inzwischen hat es sich etwas gebessert. Ein Bein ist ihr Standbein, über das andere hat sie weiter keine Kontrolle. Loben will sie, dass sie alle Hilfsmittel bekommen hat, den Rollator und einen Rollstuhl und was sie sonst so braucht. Da gab es zum Glück keine Probleme. Jetzt hofft sie auf eine Putzhilfe, denn Fenster putzen oder gründlich saubermachen klappt nicht.

Die Wohnung der beiden liegt in einer ruhigen Ecke der Nordstadt, dicht beim Borsigplatz. Im Innenhof gibt es viel Grün. Sie wohnen zum Glück Parterre. Treppen laufen wäre ein zusätzliches Hindernis für ihre Beweglichkeit.

In die jetzige Wohnung sind sie vor vier Jahren gezogen. Das Wohnzimmer mit dem großen Fernseher ist der Mittelpunkt. Dort spielt sich ihr Alltag ab, dort wird geraucht, gegessen und getrunken, dort werden

Gäste begrüßt und manchmal sogar der Fernseher ausgemacht.

Es wird viel ferngesehen, aber auch selbst gekocht.

Martina schneidet gern Gemüse, dabei kann sie sitzen und auch Pausen einlegen, wenn sie schlapp macht. Kochen tun sie dann gemeinsam.

Ihr Gesundheitszustand hat sich weiter verschlechtert. Da sie schwere Asthmaanfälle hat, muss sie manchmal sehr schnell ins Krankenhaus. Neulich kam es im Krankenwagen zu einem Herzstillstand. Zum Glück war sie an der richtigen Adresse, wurde wieder belebt und bekam einen Herzschrittmacher. Das Atmen geht jetzt leichter, aber die Anfälle hat sie nicht unter Kontrolle. Drei Stunden kann so ein Anfall dauern, häufig kommt er in der Nacht. Das macht immer große Angst, ein Gefühl, als müsse sie ersticken.

Vom Gast-Haus haben sie durch eine andere soziale Einrichtung, den Brückentreff, gehört. Jemand hat erzählt, dass es dort auch einen guten Arzt gibt, zu dem man Vertrauen haben kann. Der Hausarzt wollte immer sparen und nicht das verordnen, was nötig war. Doc Klaus ist anders. Der denkt mit und mit ihm kann man reden. Da sind sie voll zufrieden.

Drogen aller Art spielen in ihr beider Leben eine zentrale Rolle. Bei Peter schon seit seinem 10. Lebensjahr und das kam so:

Die Eltern waren beide berufstätig und er nachmittags immer allein zuhause. Er hatte nur die Pflicht, die Wohnung ordentlich zu halten. Wenn alles pikobello sauber war, gab es keinen Ärger. So lud er sich Schulkollegen nach Hause ein. Gemeinsam kochten

sie, dann ging es an den gut gefüllten Kühlschrank
mit scharfen Alkoholika aus Jugoslawien, die der Vater immer besorgte. Sie tranken, machten Musik, Jim
Hendrix und so, lachten, hatten Spaß, am Schluss
räumten sie auf und alles war in Ordnung. Am Abend
fiel er oft in eine Art Alkoholschlaf und am nächsten
Tag ging alles von vorn los, in Neu-Asseln, einem Vorort von Dortmund, wo die Füchse sich gute Nacht
sagen. In der Schule kam er gut mit. Da gab es keine Klagen. Irgendwann, er war so 13 Jahre, bekam er
Haschisch angeboten, versuchte seinen ersten Joint.
Der blieb zu aller Erstaunen ohne Wirkung. Erst beim
zwanzigsten Mal sah er die bunten Kugeln des Flip-
perautomaten noch bunter, noch schöner als zuvor,
ihm war warm und wohlig und ab jetzt wollte er das
Erlebnis immer wiederholen. Sie trafen sich nun außerhalb der Wohnungen, in Lederjacken, langen Haa-
ren, machten harten Rock, die Lehrer haben nichts
gemerkt. Auch die Lehre klappte und mit 19 Jahren
hat er geheiratet. Seine junge Frau rauchte auch gern
ein Pfeifchen und beide arbeiteten, hatten gutes Geld.
Die Ehe hielt nicht, er wollte städtisches Leben, selbst
Musik machen, in Kneipen auftreten, sie wollte zu
den Eltern ins Sauerland. Als sie sich von ihm trennte, schien ihm die Welt zu zerbrechen. Er hatte keinen
Willen mehr zum Leben. Dann sprach ihn jemand an,
ob er mit auf Tour käme. Das war die Lösung. Zuerst
ging es nach Marokko. Sie brachten präparierte Autos
dort hin und transferierten das geschmuggelte Haschisch nach Deutschland. In Marokko hatte er wenig
Geld, aber die Menschen gefielen ihm. Länger blieb er
in Spanien, dicht bei der portugiesischen Grenze. Dort
arbeitete er in einer Werkstatt, reparierte die Autos
der Touristen. Damals bauten viele Deutsche die ver-

lassenen Häuser wieder auf und nahmen sie in Besitz. So bildete sich eine deutsche Kolonie mit zahlreichen Aussteigern.

Abends spielte er Gitarre, rauchte Haschisch, trat auch in Kneipen auf. Ein lustiges Leben.

Doch irgendwann hatte er genug davon, wollte nach Hause, nach seiner Wohnung und seinen wertvollen Verstärkern sehen, das Haschisch verkaufen. Wieder in Dortmund, geriet er in eine Clique, die Heroin nahm. Zwar musste er am Anfang furchtbar kotzen, aber es gefiel ihm trotzdem. Das zeigt nur, dass die Ware gut war, erklären die beiden sachkundig. Von nun an zog er regelmäßig Linien. Außerdem machte er Bekanntschaft mit Kaptagon, einem Aufputschmittel, von dem er sagt, nach der Einnahme könne er Stunden und Tage arbeiten, ohne müde zu werden. Es sei genial für große Einsätze und langes Schuften. Um sich das Zeug zu besorgen, machte er einen Bruch in einer Apotheke, wurde verhaftet, kam in den Knast und war eigentlich ganz froh, dass er mal wieder von der hohen Dosis runterkam. Anfangs war es hart im Knast. Kalter Entzug. Erst nach einem halben Jahr kam er in den richtigen Entzug, konnte zu Hause wohnen, musste nur jeden Morgen pusten und dann lange Gespräche in der Gruppentherapie absitzen. Das war in Ordnung. Doch konnte er sich nicht entschließen, ganz mit Alk und Drogen aufzuhören. Das Versprechen wurde gefordert, er verweigerte es. Deshalb musste er die Therapie abbrechen. Als er Tina kennen lernte, machte er gerade seinen zweiten Entzug, eine Arbeitstherapie, wo er für die Schlosserwerkstatt verantwortlich war. Dort gab es ihm zu viele Regeln, zu viel Ärger mit Regelverstößen. Das passte ihm alles nicht und er gab die Sache auf.

Auch Martina hat Erfahrung mit Heroin, Haschisch und Alkohol. Zurzeit raucht sie nur abends mal ein Pfeifchen. Polamidon bekommt sie zur Substituierung. Damit kommt sie gut zurecht.

Die Tattoos, die Martina an den Armen hat, waren, so erzählt sie, Ausdruck der Rebellion gegen ihre Mutter. In Köln ließ sie sich Schmetterlinge und Herzen, mit Kordeln verbunden, eintätowieren. Außerdem hat sie auf dem Oberarm einen großen Pferdekopf und das Abbild des Hundes Susi. Heute sind die Bilder farblich nicht mehr so schön und verblasst, findet sie. Manchmal hat sie auch gespürt, dass sie wegen der Tattoos scheel angesehen wurde. Doch es war ihr erster Schritt zur Eigenständigkeit und den hat sie nie bereut. Peter hat auf den Armen einen Sensenmann und die Rolling Stones. Er ist voll zufrieden damit.

Martina fing mit Drogen an, als ihr die Kinder abhanden kamen. Ihr Ex wohnte unten, sie oben im Haus und er hat sie weiter drangsaliert, obwohl sie in Scheidung lebten. Dann wurde sie schwer krank, lag im Koma und hinterher war ihre Wohnung ausgeräumt, ihre persönlichen Sachen vernichtet. Sie stand vor dem Nichts. Sogar die Aquarien, ihr ganzer Stolz, waren weg. Danach kam die harte Drogenzeit, sie hat gespritzt, konnte ohne täglichen Druck nicht mehr leben. Sie war wohnungslos, wollte aber nicht ins Frauenhaus, und so war es gut, dass vor dem Männerwohnheim Unionstrasse Wohnwagen für Pärchen aufgestellt wurden. Da lebte sie über ein Jahr mit einem neuen Mann. Schließlich fanden sie eine Wohnung in der Heinrichstraße bei einem dieser Miethaie, die nichts investieren und nur abkassieren. Sie lebten auf einer Matratze. Viel mehr Platz war dort nicht. Aber der Kerl erwies sich als Schläger. Martina hat im Jahr 2000 noch einen Sohn bekommen, für den sie auch sorgen wollte. Als sie mal wieder ins Krankenhaus musste, hat der Mann das Kind sehr heftig geschlagen. Es musste zwei Wochen in der Kinderklinik bleiben. Schließlich kam der Junge in eine Pflegefamilie, wo er wahrscheinlich heute noch lebt. Der Schläger aber gab sich angesichts des drohenden Knasts den goldenen Schuss.

Ab und zu hat sie den Jungen im Jugendamt sehen dürfen. Aber die wenigen Kontakte, bei denen sie mit dem Kind immer unter Beobachtung war und nie allein sein konnte, hat sie abgebrochen. Es war zu schmerzhaft. Sier hofft, dass er bei der Pflegefamilie gut versorgt wird. Auch mit den anderen Kindern hat sie keinen Kontakt, nur der Älteste hat neulich mal angerufen. Er hat leider ähnliche Gesundheitsprobleme wie sie mit Gelenkrheuma. Das scheint erblich zu sein. Er ist jetzt 28 Jahre.

Was wünschen sich beiden von der Zukunft?

Martina sagt schnell: Dass es nicht schlimmer wird mit meinen Krankheiten und wir zusammen bleiben.

Für die allernächste Zeit wünscht sie sich einen neuen Rollstuhl, eine Art Sportrollstuhl, der leichter zu handhaben ist. Es wäre schön, wenn das klappen würde.

Peter sieht das ähnlich. Er muss immer um sein Geld kämpfen. Wenn gar nichts mehr geht, wendet er sich an die Leute im Sozialamt. Die kennen sich besser aus als die von der Arge, da weiß keiner so richtig Bescheid, sagt Peter. Das ist nervig.

Über das Gast-Haus sagt er:

Das finde ich astrein. Das ist gut für Leute, die sonst

nicht so anerkannt sind. Man kann Kontakte knüpfen, Klamotten holen, frische Sachen bekommen, wenn man sich unterwegs mal in die Hose gekackt hat. Das kann schließlich vorkommen.

Martina: Und das Frühstück, das ist schön da, da kommt jeder zu seinem Recht.

Zurzeit braucht Martina dringend neue Klamotten. Sie hat in der letzten Zeit arg zugenommen, auch durch das Cortison bedingt, und nichts passt mehr. Deshalb freut sie sich schon, wenn sie etwas Neues aus dem Wäschekeller bekommt.

Vorderfront des Gasthuse zum Westenhellweg hin, Dortmund 1610

Abdruck mit Genehmigung des Stadtarchivs

Kleine Chronik des Gast-Hauses

Das Gast-Haus, heute an der Rheinischen Straße 22, direkt gegenüber dem neuen Kulturzentrum U gelegen, hat einen bedeutenden Vorläufer, das Gasthuse to Dortmunde, eine spätmittelalterliche Armeneinrichtung am Westenhellweg. Es existierte mehr als vierhundert Jahre, von 1358-1762. Schon vor fast 700 Jahren war der Gedanke, armen und durchreisenden Menschen eine Gast-Stätte zu geben, in Dortmund zu Hause.

Im Jahre 1358 stiftete der Priester Hildebrand Keyser, der aus einer bekannten Patrizierfamilie Dortmunds stammte, das Neue Hospital, das später meist als Gasthaus bezeichnet wurde. Als materielle Basis brachte er das von seinem Vater geerbte Grundstück am Westenhellweg in der Höhe der heutigen Martinstraße ein.

Ein weiterer Patrizier, Conradus de Berswordt, erreichte durch die Zahlung von 55 Mark, dass das Gasthaus für immer von allen Abgaben und Verpflichtungen an die Stadt befreit wurde. Damit die Einrichtung auf längere Sicht bestehen konnte, war eine ausreichende wirtschaftliche Grundlage notwendig, aus der die laufenden Kosten für die Unterbringung und Verpflegung der Besucher bestritten werden konnten. Gerade in der Anfangsphase trugen viele Dortmunder Bürger zur finanziellen Ausstattung bei.

In einem mittelalterlichen Hospital war die kurzfristige Aufnahme der Armen, Reisenden oder Kranken immer mit der geistlichen Betreuung verbunden. Der Mensch wurde als Einheit von Leib und Seele gesehen. So feierte ein Priester regelmäßig in der hauseigenen Kapelle mit den Kranken die Messe.

Des Öfteren waren auch Bürgermeister ehrenamtlich als Verwalter tätig, was zeigt, dass es sich um ein angesehenes Amt gehandelt haben muss. Für die Betreuung des Gasthauses war eine Pflegerin verantwortlich. Einige Personen sind überliefert wie z.B. Margharete Bottermanns, deren Namen im 15. Jahrhundert in den Urkunden auftaucht. Als weiteres Personal gehörten Knechte und Mägde zum Haus.

Das Haus war in erster Linie für auswärtige arme Leute bestimmt, die in Dortmund auf der Pilgerschaft nach Aachen Station machten und für eine Übernachtung oder bei Krankheit auch für mehrere Nächte dort Unterkunft fanden. Männer und Frauen schliefen in getrennten Schlafsälen, wurden mit Speisen und Getränken versorgt und – fallsnotwendig – auch mit Kleidung und einer kleinen Geldspende. Es gab aber auch wohlhabende Bewohner des Hauses, die wegen ihrer Dienste für das Gemeinwohl mit Vertrag aufgenommen und unterhalten wurden. Häufig spendeten sie ihr Erbe dann dem Gasthaus. Der Name »Gasthaus«, setzte sich gegenüber der Bezeichnung »Neues Hospital« immer mehr durch. Warum das Gasthaus nach 1762 nicht mehr fortgeführt wurde, ist nicht bekannt. (Quelle: *Das Nie Hospital oder das Gasthuse to Dortmunde - eine spätmittelalterliche Armeneinrichtung am Westenhellweg von Beate Sophie Gros. In: HEIMAT DORTMUND. Stadtgeschichte in Bildern und Berichten, Heft 2/97 Hrsg. vom Historischen Verein für Dortmund und die Grafschaft Mark e.V. unter Mitwirkung des Stadtarchivs*).

Wie ging es weiter?

Eine Gruppe von Menschen, die sich aus der christlichen Laienbewegung kannten, hatte Mitte der neunziger Jahre die Idee, einen Tagestreff für Wohnungslose aufzubauen.

Als Domizil bot sich die ehemalige Stern-Apotheke in der Rheinischen Straße an. Nach zahlreichen Vorbereitungsgesprächen war man sich einig und gründete im April 1995 mit Pfarrer Reinhard Ellbracht das Gast-Haus. Der Verein Gast-Haus e.V. bestand damals aus 12 Mitgliedern, Norbert Kochannek war sein erster Vorsitzender. Dieses Amt hat seit mehr als zehn Jahren Werner Lauterborn inne. Unter den Mitgliedern der Initiative sind noch heute eine Reihe Mitarbeiterinnen, die schon bei der Gründung dabei waren.

Ab August 1995 begann die Gruppe mit der Renovierung der Räume. Bei der ersten Bewirtung kamen vier Gäste.

Heute sind täglich oft mehr als 300 Gäste zu versorgen. An drei Nachmittagen in der Woche können sie sich zum Kaffeetrinken, zu Spielen und Gesprächen treffen. Inzwischen gehört das gesamte Gebäude dem Verein des Gast-Hauses und erstrahlt in neuem Glanz. „Es ist das schönste Haus am Platz!" sagen die Gäste bewundernd.

Iris Wolf

Iris Wolf, geboren 1972 in Douala, Kamerun, lebt und arbeitet in Dortmund. 2007 hat sie das Studium der Fotografie an der FH Dortmund abgeschlossen.
Ihr Schwerpunkt ist der Mensch in seiner privaten, wie auch gesellschaftlichen Umgebung.
„Wunschbox" ist eine Ortsbeschreibung des Dortmunder Straßenstriches.
„Ich bin Zwei" beschäftigt sich mit jungen Frauen, die im Teenageralter Mutter geworden sind.

www.iriswolf-fotografie.de

Marianne Brentzel

Marianne Brentzel, Jahrgang 1943, ist Autorin
verschiedener Frauenbiografien, u.a.
„Mir kann doch nichts geschehen."
Das Leben der Nesthäkchenautorin Else Ury.
Berlin 2007.
Anna O. Bertha Pappenheim. Biografie.
Göttingen 2002.
Mit Uta Ruscher: Margherita Sarfatti. »Ich habe
mich geirrt. Was soll´s.« Jüdin. Mäzenin. Faschistin.
Zürich 2008

www.mariannebrentzel.de

Inhalt